我们一起解决问题

直播卖货口才训练系列

农产品直播卖货超级口才训练

戈旭皎 著

人民邮电出版社
北京

图书在版编目（CIP）数据

农产品直播卖货超级口才训练 / 戈旭皎著. -- 北京：人民邮电出版社，2020.7
（直播卖货口才训练系列）
ISBN 978-7-115-54215-1

Ⅰ．①农… Ⅱ．①戈… Ⅲ．①农产品－网络营销－口才学 Ⅳ．①F762②H019

中国版本图书馆CIP数据核字(2020)第099144号

内 容 提 要

直播卖货是一种新兴的销售方式，目前受到了诸多品牌商和生产商的青睐。农产品是广大主播接触较多的品类之一，销售农产品的主播必须具备出色的口才，才能做好农产品的推荐和销售。

本书以常见的几十个场景为线索，介绍了主播在直播间销售农产品的过程中可能遇到的问题，对粉丝的相关行为和心理进行了深入分析，阐述了主播需要掌握的沟通技巧，并给出了非常实用的话术范例。书中内容可以帮助农产品主播增强沟通能力，顺利促成交易，持续提升业绩。

本书适合销售农产品的主播阅读，也可以作为农产品专卖店等零售终端的销售人员和销售管理者的参考读物。

◆ 著　　戈旭皎
责任编辑　陈　宏
责任印制　彭志环

◆ 人民邮电出版社出版发行　北京市丰台区成寿寺路11号
邮编　100164　电子邮件　315@ptpress.com.cn
网址　https://www.ptpress.com.cn
天津千鹤文化传播有限公司印刷

◆ 开本：700×1000　1/16
印张：13.5　　2020年7月第1版
字数：120千字　2020年7月天津第1次印刷

定价：59.00元

读者服务热线：(010)81055656　印装质量热线：(010)81055316
反盗版热线：(010)81055315
广告经营许可证：京东市监广登字 20170147 号

前言
PREFACE

目前，直播卖货已经成为一种效果显著、提升空间大的销售方式，也成了很多网络主播的主要收入来源。其中，农产品直播卖货不仅可以为主播带来回报，也可以为实施乡村振兴战略、打赢脱贫攻坚战提供动力。

2020年4月19日，国务院联防联控机制召开新闻发布会。在会上，农业农村部市场与信息化司一级巡视员陈萍指出，利用网络直播、短视频等形式促进农产品销售已经成为新潮流、新亮点，是农产品营销的创新，也补上了传统农产品营销的短板。在疫情期间，全国上万间蔬菜大棚瞬间变成直播间，市长、县长、乡镇长纷纷卖货，让直播变成了"新农活"。

农产品直播卖货的兴起是现代科技和生活方式在农村生根发芽、开花结果的证明。现在，越来越多的主播开始销售农产品，不仅宣传了乡土文化和农业知识，还展示了田园风光和新农村风貌，可谓一举多得。

农产品直播卖货崛起的关键在于真实、可信。在传统的销售渠道中，农产品被摆放到货架上，其身份信息是非常模糊的。产品从哪里来？是怎么种出来的？谁种出来的？用什么方法种出来的？怎么吃才更好吃？消费者是不了解的。

在直播间销售农产品时，主播通过出色的口才，把这些信息明明白白地告诉消费者，把农产品的品质通过画面清清楚楚地展现给消费者，增强了消费者的信心。

正因为直播拥有强大的推销功能，所以它受到了地方政府、农民群体的广泛欢迎。例如，山东惠民县委副书记李宁波、江西余干县女扶贫干部蔡美芳等都亲自参与直播，成了知名的"卖货主播"。

在李宁波的直播中，玉米、香菇、鸡蛋、黑豆、蜂蜜等近30款当地农产品摆了满满一桌，直播持续了3个小时，吸引了100多万名网友关注。据统计，这场直播卖出39 000多枚鸡蛋、7 500根玉米、3 000多斤大蒜、2 000斤香菇。

江西余干县女扶贫干部蔡美芳为了获得更好的卖货效果，还现场演唱了改编版的《南山南》，通过歌唱的方式介绍当地的风土人情和特产、名产，一时间直播间人气爆棚。

许多公众人物也纷纷加入农产品直播卖货的行列。例如，央视主持人朱广权和"直播一哥"李佳琦联手直播，推销湖北农产品。这一消息立刻传遍全网，成了热门话题。朱广权睿智而幽默，他凭借个人魅力吸引了众多粉丝到他的直播间观看，累计观看次数超过1.2亿，累计卖出价值超过4 000万元的湖北农产品。

虽然有很多知名人士加入农产品直播卖货的队伍，但总体来说，这一领域目前还属于蓝海市场，竞争没有想象中的那么激烈。就算你是后起之秀，只要拥有好口才，也有机会在这个领域找到自己的位置，创造惊人的收益和影响力。

那么，农产品卖货主播应该具备哪些能力呢？

首先，成功的农产品卖货主播要有准确定位自身角色的能力。主播精准定位自己的角色，才能准确地找到目标受众，提高直播卖货的效率。不少主播在定位自身角色时走上了歧途。例如，有些主播打苦情牌，将自己包装成农产品滞销、生计困难的"可怜生产者"，利用消费者的同情心来销售农产品。如此卖货，不仅不能长久，还会透支消费者的感情，是不可取的。

其次，成功的农产品卖货主播要有不断锤炼自己口才的意志力。与传统的农活相比，直播卖货当然看起来要轻松一些，但这并不意味着主播不需要付出汗水和辛劳。没有持之以恒的训练，肯定无法练就好口才。实际上，阅读本书也是你付出的一种努力，希望本书可以帮助有志于这项事业的主播不断提高口才。

最后，农产品卖货主播要掌握丰富的沟通、互动技巧，为消费者奉献扎实、有新意的直播内容。消费者的购买力越来越强，但也越来越挑剔，他们对农产品品质的要求越来越高，对直播内容的要求也越来越高。因此，农产品卖货主播一定要有好口才，要成为善于讲农产品故事的人，能把农产品故事讲得生动、精彩的人。帮助广大农产品卖货主播成为这样的人正是创作本书的初衷。

目录
CONTENTS

第一章 一分钟话术，留住新粉丝 ······················ 1

第一节 开头一分钟，中间一分钟，最后一分钟 ·············· 2
- 01 开头一分钟，你的话要吸引人 ························ 2
- 02 中间一分钟，你的话要留住人 ························ 6
- 03 最后一分钟，你的话要黏住人 ······················· 10

第二节 根据粉丝的特征选择说话方式 ··················· 14
- 04 成为粉丝心目中只说实话的卖货主播 ················· 14
- 05 价格定位要与粉丝定位相吻合 ······················· 18
- 06 粉丝讲究，你就重点讲品质 ························· 22

第三节 农产品卖货主播，可"土"可"洋" ··············· 27
- 07 土味儿、洋范儿都可以成功 ························· 27
- 08 常见农产品的卖货方法 ····························· 30
- 09 高端农产品的卖货方法 ····························· 33

第二章 直播卖货，先学会推销自己 ················· 37

第一节 开场白有趣，你就成功了90% ··················· 38

10　用幽默的开场白勾起新粉丝的兴趣 ·················· 38
　　11　好话一讲，谁不欢喜 ························· 41
　　12　产品推介要精练而有力 ······················· 44

第二节　这样说，才能增强粉丝黏性 ················ 48
　　13　设计小环节，让新粉丝参与进来 ·················· 48
　　14　粉丝中途入场，要把他们拉入话题讨论 ················ 51
　　15　单向输出怎比得过双向沟通 ····················· 55

第三节　给粉丝一个明天还看你的理由 ················ 59
　　16　制造悬念，勾起粉丝的好奇心 ··················· 59
　　17　一个好的下期预告应该是这样的 ·················· 62

第三章　制造话题，让粉丝产生共鸣 ············· 67

第一节　主播应该是制造话题的高手 ················· 68
　　18　成为话题制造者 ·························· 68
　　19　巧妙设计，让意外话题点成为有效话题 ··············· 71
　　20　说话要生动，让话题转换得不生硬 ················· 73

第二节　主导话题，把焦点始终集中在产品上 ············ 78
　　21　制造话题，但不要把话题带偏 ··················· 78
　　22　面对粉丝"引战"，要以高情商应对 ················ 81
　　23　一个问题就把话题引到主题上 ··················· 85

第三节　关注热点，让热点帮自己销售 ················ 89
　　24　靠着《舌尖上的中国》，他卖出了海量松茸 ············· 89
　　25　蹭热点要注意避"坑" ······················ 91

第四章　深挖需求，进行完美的推介 …………… 97

第一节　你了解谁的需求，才能把产品卖给谁 ………… 98
26　"儿童水果"给主播带来的启示 ………………………… 98
27　积极互动，分析粉丝的真正需求 ……………………… 101

第二节　你的产品一定要满足粉丝的痛点需求 ………… 105
28　无论卖什么，都要戳中粉丝的痛点 …………………… 105
29　"这是××的特产！"——满足特产需求 …………… 108
30　"我们的包装很精致！"——满足精致化需求 ……… 111

第三节　猎奇营销，勾起粉丝的尝试欲望 ……………… 114
31　推销灭霸水果的主播火了 ……………………………… 114
32　打造非一般的话题，让一般农产品变得不一般 …… 116
33　故意渲染"超级难吃"，勾起粉丝的好奇心 ………… 119

第五章　好口才，凸显农产品关键卖点 ……… 123

第一节　突出产地信息，成倍放大这一卖点 …………… 124
34　彩云之南的优质农产品推荐 …………………………… 124
35　边走边说，带粉丝到产地去看看 ……………………… 126
36　放大产地优势，才能让粉丝看到差异 ………………… 129

第二节　灵活渲染农产品的品类信息 …………………… 132
37　树立专家形象，拥有专家口才 ………………………… 132
38　推广一个新品种，就应抛出一个新噱头 ……………… 135
39　"老品种+新话术"，给卖点加入新意 ……………… 137

第三节　突出卖点，但也要关注粉丝需求 …………………… 141

40　营养介绍要紧跟粉丝的实际需求 ……………………………… 141
41　介绍产品时别一开口就是极限用语 …………………………… 143

第六章　好口才，激发粉丝的购买动机 ……… 149

第一节　推销别太功利，拉近关系最重要 …………………… 150

42　别让粉丝觉得"主播唯一的目的就是把货卖给我" …………… 150
43　推销痕迹太重导致直播"翻车" ……………………………… 153
44　先交朋友，才能让粉丝信任你 ………………………………… 156

第二节　在展示环节要学会"自我陶醉" …………………… 159

45　"看了他吃海鲜的样子，多贵都想买！" …………………… 159
46　少一些感性描述，多一些细节描述 …………………………… 162
47　强调农产品的优点，但要说在点子上 ………………………… 165

第三节　给粉丝一点惊喜，让他们笑 ………………………… 167

48　拿出赠品前，先卖个关子 ……………………………………… 167
49　做好铺垫，推出意想不到的好价格 …………………………… 170

第七章　制造紧张气氛，让粉丝主动下单 …… 173

第一节　渲染气氛，让粉丝觉得"过了这个村就没这个店" … 174

50　限时、限量是最佳的销售武器 ………………………………… 174
51　"新产品推广，机会只有一次！" …………………………… 177
52　"产地佳，产量少！错过这一次就很难买到！" …………… 179

第二节　给粉丝意想不到的"便宜" ·················· 183

　　53　连续送出几个惊喜，让粉丝不得不买 ············ 183

　　54　多买多优惠，多买多赠 ·························· 186

第八章　直播留白也是一种艺术 ············ 189

第一节　学会和粉丝隔着屏幕"一起做饭" ············ 190

　　55　留白有技巧，别让留白成空白 ················ 190

　　56　农产品推荐，现场感非常重要 ················ 193

　　57　厨艺是其次，关键是要突出原生态 ············ 195

第二节　生动展示，让粉丝身临其境 ·················· 199

　　58　展示生活环境，激发粉丝回归田园的冲动 ······ 199

　　59　展示采摘过程，制造视觉冲击 ················ 201

第一章

一分钟话术，
留住新粉丝

第一节 开头一分钟,中间一分钟,最后一分钟

01 开头一分钟,你的话要吸引人

作为新人主播,你要抓住开播后第一分钟这个时间窗口,留住路过的观众,让他们定下心来,认真地观看你的直播,最终成为你的粉丝。

为了更好地利用直播开始的"黄金一分钟",突出自己的身份,农产品卖货主播在直播开始时可以采取比较轻松、自然的方式,用自己的语言带着粉丝领略一番田园风光和乡村生活(见图1-1)。

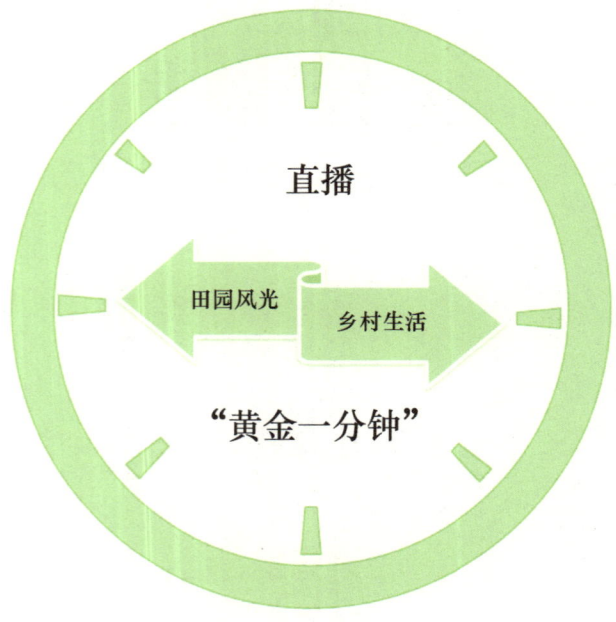

图1-1 直播开始的"黄金一分钟"

在直播平台上，我们经常看到一些主播开始直播时，慢吞吞地调试设备，拖拖拉拉地准备话题，东拉西扯就是不进入正题。遇到这样的主播，粉丝怎么可能会耐得住性子，继续看下去呢？要想在开头一分钟留住粉丝，最重要的事情就是提前把准备工作做好，不要把宝贵的时间浪费在琐事上。

某直播平台农产品主播每次开始直播的时候，总会先描述自己的生活场景或者周围的风景，例如：

"昨天去大哥家看了他家种的橙子，好像已经熟了。今天趁他不在家，我去看看能不能摘几个回来吃……"

"前几天，二丫家收了很多鸡蛋，今天在我家的香椿树上摘下很多新鲜的香椿，用它来炒鸡蛋是最好吃的，所以我决定去二丫家看看，问问她能不能用我的香椿换她家的一些鸡蛋，这样我们就都能香椿炒鸡蛋了。美得很！"

"我们村后面有条河，这时候正是河里的鱼最肥的时候，要是能抓一些来吃，简直美得很。不过要去那条河的话，要经过一片竹林，竹林里恐怕有蛇，所以我今天出发的时候，不仅带了捕鱼的篓子，还带了一根棍子，一是为了打草惊蛇，二是碰上蛇还能用它防身……"

"现在这个季节是春笋最好的时候，所以我决定去竹林里弄一些笋子来，还要把我家狗子也带上，因为万一要碰到兔子，还能顺便抓个兔子。不过，以我家狗子的实力，想要真正抓个兔子估计不太可能，就当是锻炼它一下吧！"

  这位主播通过对生活场景和田园风光的描述，让粉丝对乡村生活感同身受。对很多生活在城市的粉丝来说，这种生活是他们不曾体验的，但他们中的很多人对此非常向往，所以很愿意接着往下看。

  做农产品主播，首先要考虑的一个问题就是：我们能为粉丝提供什么样的特色服务？其实，无论带什么货，我们都应该先明白一个道理：提供服务在先，卖货获利在后。这是直播卖货的基本原则。

  一般来讲，农产品的卖货主播能够为粉丝提供两种特色服务：

（1）带领粉丝走进农村、深入田园；

（2）为粉丝提供优质的农产品（见图1-2）。

  其中，第一种服务虽然是免费的，但却是必要的，也是很重要的。只有先为粉丝提供这样的服务，他们才会愿意买你的货。

  因此，开始直播时，我们首先要做好这项"看起来不挣钱，但能不能挣钱要靠它"的工作，用我们的口才和镜头带领粉丝走进农村。当粉丝对你的生活感兴趣、对你的生活环境充满向往时，他们会对你的产品产生好奇心、信赖感，最终产生购买欲。如此一来，你的卖货工作就能顺利地进行下去。

图1-2 常见的农产品

范例1

如果你卖的货是蘑菇，那么直播开始后你一定要重点渲染周边的环境——群山叠嶂、森林茂密、老树横生，因为这样的环境最适合蘑菇生长。你看起来是在向粉丝介绍自己的生活环境，其实是在为产品做广告。

范例2

如果卖的货是苹果，我们可以这样说："我们这里是传统的苹果种植区，但前几年很多地方的苹果树过了30年的最佳产果期，所以苹果产量减少、品质降低。后来，我们把老果树换成了新果树，现在这里的果树都是三到五年的，正处于青春期，长势好，结的苹果也非常好。"

 技巧点拨

技巧1：将粉丝带入一定的情境

主播通过语言营造一种氛围，让粉丝进入自己预设的情境之中，就能大大提升成交率。例如，推介农家土猪肉时，主播可以说："小时候家里杀了猪，妈妈用砂锅在炉火上炖猪肉，我就在旁边等啊等，香味越来越浓，馋虫一个劲儿地在身体里乱窜，那种感觉是超市里的普通猪肉不能给你的。"如此生动的描述可以让粉丝进入预设的情境，激发其购买欲望。

技巧2：搞清楚什么是自己的优势资源

农产品直播特别讲究对资源的开发和利用，这里的资源不仅包括农产品本身，也包括乡土文化。很多生活在乡村的主播对自己周围的环境太过熟悉，所以觉得平平无奇，但其实乡村生活和乡村文化对很多粉丝来说是新奇的、有趣的。

02　中间一分钟，你的话要留住人

直播进行到一半是一个重要的分水岭，粉丝的耐心开始消退，但此时恰恰又是你完成卖货任务的关键时期。如果这时粉丝走掉了，那么之前的工作做得再好，也没有什么意义。

如何利用直播中间的一分钟掀起直播的小高潮，成功地把自己的货卖出去，是非常关键的一个问题。很多人在直播时容易出现虎头蛇

尾的现象：刚开始的时候激情满满，随着直播的进行，逐渐有了倦怠情绪，慢慢出现词穷的情况。对粉丝而言，直播的吸引力就会大打折扣。

为了避免这种现象出现，我们在直播之前应该想好直播过程中各个阶段应该使用的话术，只有这样才能在快要进入倦怠期的时候有计划地掀起一波新的高潮。

某知名主播直播到一半的时候，总会讲几个笑话。例如，试吃一款产品的时候，他会说："一不开心我就吃东西，一吃东西我就变胖，一变胖我又不开心。"

粉丝陆续离开直播间，观看人数下降的时候，他会说："人生没有彩排，每天都是直播；不仅收视率低，而且工资不高。"

提及海鲜产品的时候，他说有一次带朋友出去吃饭，朋友对他说："龙虾，大闸蟹，只要是带壳的东西我都喜欢吃。"他对服务员说："帅哥，来盘瓜子。"

主播在直播过程中能够随口讲一个笑话，你可能会以为他们天生具有幽默感，但实际上并非如此。一场好的直播一定是有预案、有策

划的，否则谁也不可能在漫长的直播过程中随时保持妙语连珠的状态。

最典型的例子就是罗永浩的卖货直播。罗永浩是公认的演讲高手、王牌段子手，但他在第一次直播卖货的时候，进行到一半时明显出现了冷场，导致这场直播的卖货效果远低于预期。这充分证明，真正的好口才不仅需要灵光一现的机智，更需要提前策划和准备。只有如此，我们才能在直播到一半、粉丝进入倦怠期的时候，及时制造爆点，让直播间重新热闹起来。

实战演练

范例1

假如卖的货是猕猴桃，在直播到一半的时候，我们可以这样说："大家觉得猕猴桃和奇异果是不是一种东西？"这个话题可以引起粉丝的讨论，炒热直播间的气氛。

等大量粉丝参与讨论之后，我们可以告诉他们："猕猴桃原产于我国，但由于早期的猕猴桃品种味道过于酸涩，所以国内几乎没有人吃。新西兰人将我国猕猴桃品种带回他们国家加以改良之后，冠以奇异果的名称在全球销售，后来中国人也改良了猕猴桃品种，开发出许多味道非常好的品种，但国内依然将这种水果叫猕猴桃……"

范例2

假如卖的货是葡萄，我们可以向粉丝提问："人们常说'吃葡萄不吐葡萄皮，不吃葡萄倒吐葡萄皮'，这句话究竟是什么意思？"虽然

> 这只是一句俏皮话，但同样可以引起粉丝的讨论。只要大家愿意加入讨论，直播间的气氛马上就活跃起来了。

技巧1：及时用有趣的语言调节气氛

我们一定要根据产品的特点，提前准备好直播过程中的一些转折性语言。所谓的转折性语言，不仅包括笑话或者俏皮话，还包括故事、有趣的话题等。在直播的过程中，发现气氛不太对的时候，我们可以通过事先准备好的俏皮话、笑话、小故事等来烘托气氛，激活倦怠的粉丝。

技巧2：适时抛出话题，引发粉丝讨论

如果我们抛出的话题能够引起粉丝的讨论，直播间的气氛自然会变好。那么，什么样的话题是粉丝愿意讨论的呢？首先，话题要接地气。也就是说，话题不能太深奥，必须是大部分人都可以参与讨论的。例如，前文提到的猕猴桃和奇异果的问题，虽然很多人不知道正确答案，但每个人都可以提出自己的看法。其次，话题要具有争议性。也就是说，不能选那种大家很容易就达成一致的话题。假如你抛出一个话题："红薯和地瓜是一种东西吗？"大部分人都知道它们就是一种东西，所以就无法引发讨论。

因此，我们最好抛出大部分人都懂一点但又不全懂、不真懂的话题。如果粉丝完全不懂，他们就没有讨论的欲望；如果粉丝完全了解，他们就会认为已经没有讨论的必要了。我们可以问这样一些问题：脐橙为什么叫脐橙？黄茶、白茶和乌龙茶有什么区别？五常大米为什么比一般大米好吃，但也贵很多？这类问题可以有效地调节气氛，并为后续的直播打好基础（见图1-3）。

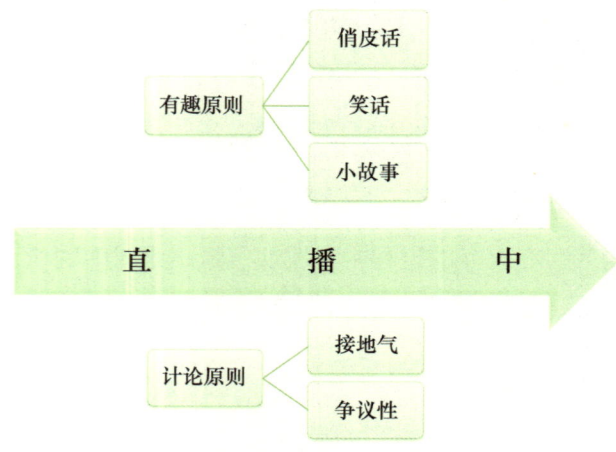

图1-3　直播过程中调节气氛的技巧

03　最后一分钟，你的话要黏住人

直播到最后一分钟时，尘埃落定，很多主播容易松懈下来，草草收尾。这肯定是不对的，因为在直播的最后一分钟，我们有一件非常重要的事情要做，那就是进行下一场直播的预热。

如果你已经知道下一场直播的内容，就可以采用提示的方式，让粉丝对下一场直播产生更多的好奇心。

如果下一场直播的内容暂时还没有确定，不妨采用互动的方式，听一听粉丝的意见，然后选择可行性较高的方案，满足粉丝的要求。

只要把这两点做好了，直播的收尾工作就算成功了，粉丝会对你产生黏性，慢慢变成你的"死忠粉"。

案例 1

某农产品主播在收尾阶段说："你们中的很多人肯定吃过骆驼肉，但你们谁吃过烤全骆驼？我敢说没有一个人吃过，那下一场直播就给大家展示一下烤全骆驼的做法，也让大家尝尝它的味道！就在明天下午三点，想看的粉丝不要错过啊！"

案例 2

某农产品主播在收尾阶段向粉丝提问："你们下一场想看什么内容？""什么，要我给大家做一场介绍优质茶叶的直播？现在已经过了清明节，明前茶已经没有了，而真正的优质茶叶就得说是明前茶了。不过，这个季节虽然没有明前茶，但我们最近发现一款桑叶茶，它是非常适合这个季节的饮品。下一期我带大家看看怎么将桑叶做成茶。桑叶除了用来做茶，还有很多妙用，大家一定不要错过！"

直播最后一分钟有两种收尾方式（见图1-4）。第一种是预告。

做预告的时候，我们一定要提炼出最能打动粉丝的点。为了吸引粉丝，我们可以对下一场直播内容进行适度的夸张和包装，只要在合理的范围之内，粉丝都是可以接受的。

第二种是互动，了解粉丝想看什么。如果能满足，我们就尽量满足；就算满足不了，也要顺着粉丝的思路进行巧妙的衔接。案例中的粉丝要求主播做一场以茶叶为主题的直播，但主播明显没有这方面的打算，于是顺着粉丝的思路，巧妙地把茶叶变成桑叶茶，又引出了桑叶的妙用等话题，这就是一种比较好的处理方式。

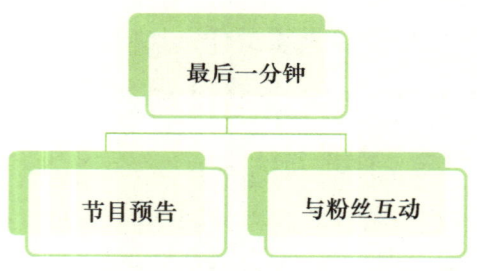

图1-4　直播最后一分钟的内容安排

范例1

在直播的最后一分钟，我们要为下一场直播做预告，假设下一场直播的内容是富硒农产品。

我们可以这样说："大家知道哪种微量元素是我们身体必需的，但在我国的大部分地方都很缺乏吗？很多研究表明，在极度缺乏这种微量元素的地区，癌症的发病率要比其他地方高很多。那么，这究竟是什么元素呢？哪些农产品富含这种元素呢？我们下一场直播就为大家揭晓答案。"

范例2

在直播的最后一分钟，有粉丝提出想要看一看桃子林，但下一场直播的内容是黄杏。

我们可以这样说："桃子很常见，下一期我可以带大家看一看杏林。在金庸的小说《天龙八部》中，乔峰在黄杏林里大展神威，粉碎了手下造反的图谋。明天，我就带大家看看杏林。现在正是杏子成熟的时候，一定很好看。"

技巧1：留下想象空间

到了直播的最后一分钟，不管这一场直播的目的有没有达成，都要为下一场直播做打算。做预告的时候讲究说一半、留一半，给粉丝留下悬念。

技巧2：顺着粉丝的思路

粉丝提出要求的时候，哪怕无法满足，也要学会"顺杆爬"，也就是顺着粉丝的思路，说出自己真正想说的话。

第二节　根据粉丝的特征选择说话方式

04　成为粉丝心目中只说实话的卖货主播

消费者在购买农产品时最看重的是什么？肯定是安全、健康。因此，农产品主播一定要成为粉丝心目中值得信任的人。如果粉丝不信任你说的话，你的产品再好，他们也会有所怀疑，不能下定决心购买。

农产品主播与别的主播最大的不同在于，别的主播可以为自己打造各种各样的形象，但农产品主播一定要给粉丝留下质朴、值得信赖的印象（见图1-5），这是由粉丝群体的特点和消费心理决定的。

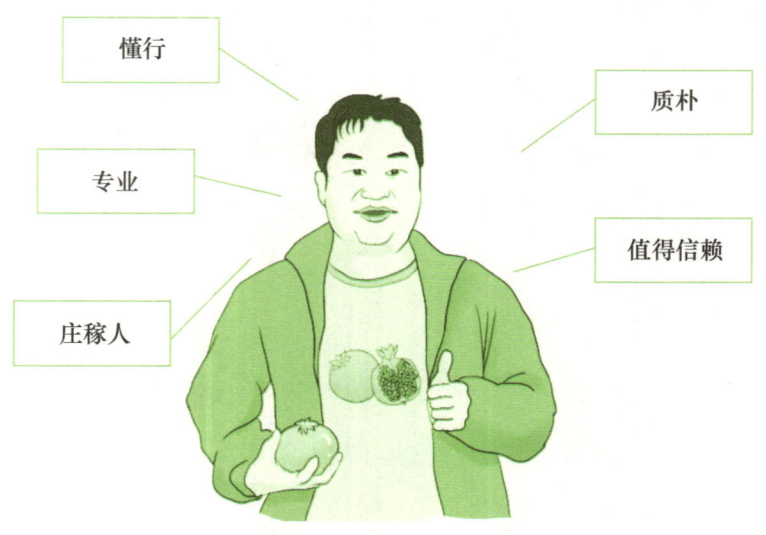

图1-5　农产品主播的形象

 案例回放

石榴哥是一位成功的农产品主播,曾经多次登上热搜榜,他也是这一行业的先驱和佼佼者。石榴哥的成功秘诀就在于他的实诚。石榴哥在镜头前面表现出的坦诚和质朴让粉丝觉得,这个人虽然其貌不扬、语不惊人,但看起来十分值得信赖。石榴哥有不少听起来不华丽,却能有效拉近自己与粉丝之间距离的经典语录:

"我是一名老师,我不可怜,我一点都不可怜,我幸福着呢!"

"我当老师的时候有一份收入,我晚上卖石榴,我能卖400多元呢!"

"因为家庭收入不稳定,家中又有贷款要还,于是从8月开始,每天下午6点到晚上12点在市场上摆摊卖石榴挣点钱,主要摆摊点是在忠义市场。卖石榴时总会运用一些幽默风趣的语言,是因为觉得这样可以卖得多一点,可以多挣一点钱。"

 解 析

石榴哥的成功之道是他的质朴给粉丝留下了踏实、可靠的印象。很多农产品主播总是强调自己的货有多便宜,反复说"买不了吃亏,买不了上当"之类的话。实际上,在网上购买农产品的粉丝是贪图便宜吗?肯定不是的,因为超市里农产品的价格也没有高到哪里去。他们希望买到一些安全可靠、绿色天然的农产品,这才是他们最大的需

求。因此,很多时候,我们与其强调便宜,不如强调可靠。

怎么才能让粉丝觉得自己可靠呢?一味宣传农产品的品质其实效果并不好,你首先要把自己的可靠形象宣传出去、树立起来。

做农产品直播,卖的不仅仅是货,还有你这个人。只有你的形象和你销售的产品相互吻合,你才能让粉丝打开钱包。

实战演练

范例1

如果卖的货是蓝莓,我们可以这样说:

"蓝莓这个东西,能种的地方不少,但能种出好吃的蓝莓的地方不多。懂得种蓝莓的庄稼人都知道一句话——天不能下雨,地不能干,一年四季不能少了风。又不能下雨,又要有水有风,这样的地方种出来的蓝莓才好吃。你说全国能有几个这样的地方?地不干的地方往往雨水多,雨水少的地方往往干旱,水源充沛、降水量少的地方往往没有风。所以,像我们这里这样适合种蓝莓的地方真的不多,我们的蓝莓,质量肯定没的说。"

通过这番话,我们可以给自己树立"懂行、专业、庄稼人"的形象,从而赢得粉丝的信任。

范例2

直播的时候,我们可以结合自己的身份树立形象。如果你是农村人,你可以说:"以前我们农村种点好东西,都自己吃了,为啥

不卖？因为收货的人不管你的东西好坏，都是一个价钱。好东西贱卖，一是农民心疼，二是其实它是赔本的买卖。"

范例3

如果你是城里人，你可以说："没来地里头之前，我还以为种地是一件再简单不过的事情，但是来了才知道，真正种出点好东西来实在太不容易了。农民辛辛苦苦一年，其实挣不了多少钱，我就是想帮咱们农民把东西卖给识货的人，卖个好价钱！"

技巧1：根据粉丝的特点选择自己的立场

立场就是对自己的定位，只有定位明确，你的话术才能稳定，要不然今天一套话术，明天一套话术，你的形象就立不住了，难免让粉丝觉得你不可信任。

技巧2：根据自己的身份和特点选择说话方式

每一种身份都有一套与之匹配的说话方式（见图1-6）。你的身份是一线生产者，就应该说生产者的话；你的身份是农产品专家，就应该说一些内行的话；你给自己的定位是扶贫工作参与者，就要说扶贫者的话。拥有某种特定身份的人嘴里说出不该说的话，粉丝就会觉得非常别扭。

图1-6 如何选择合适的说话方式

05 价格定位要与粉丝定位相吻合

定价看起来简单,无非就是成本加利润。但是,定价其实是一件很困难的事情,你的利润空间应该有多大并不取决于投入成本和目标利润率,而是取决于你的粉丝能够接受的价格范围(见图1-7)。

图1-7 产品价格定位要与粉丝定位相吻合

有些产品，如果定价过高，不仅会影响销量，还会影响主播在粉丝心中的形象；但如果定价过低，又与粉丝心中的目标价位相差甚远，也不见得能起到好的作用。

很多人在面对低价农产品的时候，首先考虑的是农产品是否存在质量问题，这可能会降低粉丝对农产品的认可度。因此，定价的时候一定要深入分析粉丝的心理，确定一个符合其预期的价格。

某主播销售一种特殊的云南乌骨鸡，定价是每只 168 元，比普通的鸡贵上不少。但是，这种乌骨鸡的销量却非常高，为什么呢？首先，这种乌骨鸡是一种散养的、品种出色但生育率很低的家禽。其次，该主播在出售乌骨鸡的时候，还会赠送一些天麻。粉丝下单之后可以做天麻乌鸡汤，很方便。事实上，赠送的天麻没有多少价值，成本连 5 元都不到。该主播的粉丝大多来自城市，消费水平较高，这种定价和销售策略给他带来了可观的利润，也让他获得了大量粉丝的认可。

另一位主播看到他销售的云南乌骨鸡利润可观，也想卖这种鸡。这位主播找到货源，以每只 120 元的价格进货，然后加价 20 元，以 148 元的价格出售，试图通过价格战抢占市场。过了一段时间，他发现，虽然自己的乌骨鸡价格比别人低，但就是卖不出去。这位主播心想："难道就是因为我没有赠送不值钱的天麻，所以粉丝们就不买账吗？"

案例中第二位主播的低价策略之所以失败,是因为在他看来,商品的定价只取决于成本,不值钱的天麻可有可无,对产品的最终销量影响不大。如此想法,大错特错。

我们知道,直播卖货不仅是在销售产品,也是在提供服务。你的服务到位了,粉丝就愿意消费。天麻虽然不值钱,但天麻和乌骨鸡的组合是他们非常愿意接受的产品类型,这种销售模式其实相当于针对粉丝群体的特点提供了一项附加服务。

如果你的粉丝是农村人,附赠天麻当然不会对他们产生吸引力;但如果你的大多数粉丝是城里人,情况就不一样了:他们想要做天麻乌鸡汤,可是买到鸡之后再去买天麻的话,他们就要多付出一份时间和精力,很不划算,所以他们宁愿多花一点钱一步到位,也不愿意来来回回地折腾。这才是粉丝愿意掏钱的真正原因,并不是因为他们不知道天麻的真实价值而愿意当冤大头。

范例1

草莓是一种价格比较透明的农产品,随着季节的变化,它的价格波动非常明显。卖的货是草莓时,如果价格比较高,我们就一定要强调草莓的"错季性"。

我们可以这样说:"冬天的时候,草莓的价格自然会贵一些,因为这个时候草莓的种植成本非常高,而且更难保存,坏果非常多。如果大家特别爱吃草莓,可以买一点来尝尝,冬季草莓的味道非常好。如果大家觉得太贵,不妨等到夏天草莓收获的季节再买,那时候价格一定会降下来。"

范例2

石斛是一种具有保健功效的农产品,但由于市场炒作,石斛的价格非常不稳定,也很不透明。

当卖的货是石斛时,我们可以这样说:"市场上的石斛价格有高有低,品质有好有坏,但我和你们说,我们这个石斛是原产地直采的,不管价格高低,我可以保证一点,那就是它的价格对得起它的品质,一分价钱一分货。你买便宜货回家,其实它就是一根草,只有达到一定的标准,它才能体现自己的价值。"

技巧1:一定要把定价的合理性告诉粉丝

价格便宜还是贵其实不是问题,现在很多人在农产品上还是比较舍得花钱的。但是,主播要让大家知道便宜的为什么便宜、贵的为什么贵,不能稀里糊涂地定价、宣传。

如果主播推介的产品确实有溢价，一定要把溢价的合理性讲明白，提供了额外服务、品质更有保障、在品种上有过人之处等都可以佐证溢价的合理性。

技巧2：一定要把产品的优势和缺点介绍清楚

不管价格高低，主播推介的产品一定有自己的独特优势，也有缺点，把正反两方面明明白白地告诉粉丝，他们就能做到心里有数，也能对主播多一些信任（见图1-8）。

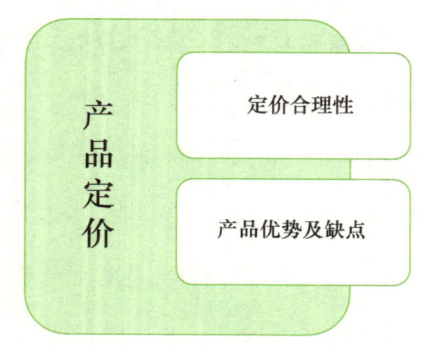

图1-8 介绍产品定价时要讲到的两个方面

06 粉丝讲究，你就重点讲品质

在网上购买农产品的粉丝大部分是年轻人。他们和在菜市场中斤斤计较的消费者最大的不同在于，他们希望通过直播体验和享受购买农产品的过程，而不仅是为了满足生活所需。

目的不同，消费者对农产品的需求也就不同。农产品主播一定要抓住粉丝的特点，如果大部分粉丝对农产品十分讲究，主播就一定要强调农产品的品质。

在大连有一个专门销售海鲜的主播，他的口号就是："别看哥的海鲜贵，吃出不一样的味儿。"从价格上来讲，这位主播卖的海鲜并不便宜，但是销量依然可观，这是因为他在直播过程中主打"品质第一"这个理念。在他的直播中，似乎永远只有一个话题——

我的鲍鱼好，为什么好？怎么好？

我的海参好，为什么好？怎么好？

我的大虾好，为什么好？怎么好？

就是靠着单纯的质量宣讲，这位主播成了海鲜类农产品的王牌卖货主播之一。

质量永远是农产品的核心卖点之一。人们对舌尖上的安全是非常在意的，这正是很多消费者从线下来到线上，通过直播购买农产品的重要原因之一。

很多消费者相信，自己能够在直播中亲眼看到农产品的产地，甚至还可以见到农产品的生产者，所以直播间的农产品质量一定比较靠谱。我们一定要抓住粉丝的这种心理，多多宣扬农产品的安全性和高品质（见图1-9）。

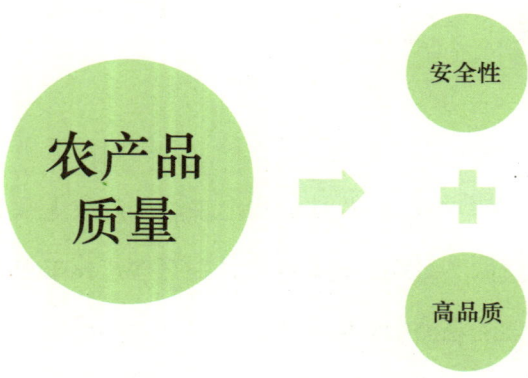

图1-9 影响农产品质量的两大要素

范例1
卖的货是大米的时候,为了体现大米质量超群,我们可以这样说:"我们都知道日本的越光米很好吃,可是你们知道吗,日本的越光米来到国内后,被改良成为稻花香大米。所以,国内的稻花香米(东北大部分的大米品种是稻花香1号或2号)其实和日本越光米非常相似,品质上基本没有什么区别,但价格便宜得多。当然,说到价格便宜,一定要把五常大米排除在外。现在,五常大米的价格太高了,一斤能卖上百块,甚至几百块。其实,五常大米也是稻花香的一个品种,和我们的大米品种差不多,品质都是杠杠的!"
范例2
卖的货是黄豆的时候,我们可以这样说:"现在进口的大豆很

> 多，转基因的大豆也很多，那些大豆主要是用来榨油的，所以蛋白质含量不高，脂肪含量很高。我们这个大豆是原生态的本地品种，蛋白质含量很高，用来榨油肯定不太好，因为不出油，但用来做豆浆、豆腐，那是再好不过的。不过，这种大豆的产量比较低，价格要比其他大豆贵一点。"

技巧1：强调稀缺性

很多人认为，如果农产品的产量很高，其质量肯定很一般。因此，要想突出产品的质量，一定要告诉消费者，我们的农产品产量低，质量更有保证；价格之所以贵一点，也是因为产量有限。

技巧2：强调产地

农产品和其他产品的最大区别是农产品的质量和产地密切相关。地理标志农产品之所以受到追捧，就是因为它们都生长在最适宜的环境中。所以，我们一定要强调产地对农产品质量的重要影响。

技巧3：强调生产方式

介绍农产品的特性时，我们可以说一下它的生产方式，如"科学种植""绿色种植""全部采用农家肥，没有化肥"等，这可以从侧面体现产品质量十分可靠（见图1-10）。

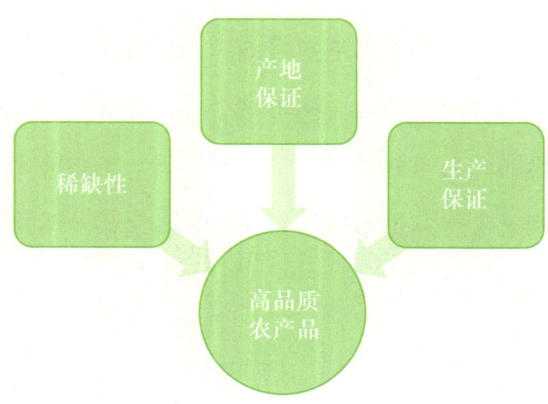

图1-10 高品质农产品的三大要素

第三节　农产品卖货主播，可"土"可"洋"

07　土味儿、洋范儿都可以成功

从形式上来讲，农产品直播卖货是不拘一格的，形式和风格主要取决于农产品的类型。因此，不管是土味儿还是洋范儿，其实都可以获得成功（见图1-11）。只要你的卖货风格与产品类型契合，就可以赢得目标消费群体的青睐。

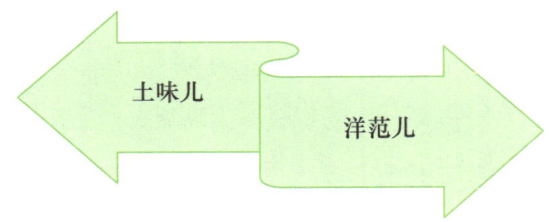

图1-11　直播卖农产品，土味儿、洋范儿都可以成功

某直播平台上的两位农产品主播有着截然不同的风格。甲是一个典型的乡下孩子，卖的货都是家乡自产自销的特色农产品，他介绍农产品的方式也带有浓浓的乡土味，措辞朴实，平铺直叙，没有什么华丽的辞藻。

乙却截然不同。她在国外生活过一段时间，她卖的货大部分是类似西班牙火腿、俄罗斯鱼子酱之类的高端农产品。她介绍产品时使用的措辞和拍摄风格看起来都非常"高大上"。

虽然两人风格迥异，但却都成了农产品卖货主播领域的佼佼者。数据统计显示，他们两个人的目标消费群体有着非常高的重合度。这也证明，消费者的接受能力是很强的，无论是主播的风格"土"还是"洋"，都是他们的菜。

现在，大部分农产品主播走的是土味儿路线。因此，很多后来者认为这是唯一可以获得成功的方式，但事实并非如此。农产品虽然是大众化的消费品，但在一些细分市场也有不少高端农产品，如果我们有这样的货源，就不能拘泥于土味儿话术，适当"高大上"一点也没有问题。

范例1

黑松露是欧洲人非常喜欢的一种美食，但实际上我国出产的黑松露品质非常好，当然价格也不便宜。

如果卖的货是黑松露，我们最好不要采用传统的土味儿话术，而应该这样说："黑松露是法国人的心头好，高级的法餐总是离不开黑松露的点缀。直到20世纪末，科学家才在喜马拉雅山东南地区发现了国产黑松露的踪迹。从那以后，我国也成了顶级黑松露的主产区。但是，由于中国人以前不喜欢吃这种东西，所以大多数顶级黑松露用来出口。我发现我的粉丝中也有喜欢吃黑松露的，所以今天就将这款国产的高品质黑松露带给大家。"

范例2

草莓虽然是大众商品，但同样可以塑造出高端农产品的感觉，我们可以这样说："草莓的价格有的很亲民，有的却高高在上。在日本有一种叫轻井泽·贵妇人的草莓，售价是68元人民币。注意哦，是一颗68元，不是一斤68元！我们今天推荐的这款草莓也是从日本来的，名叫红颜。这个品种虽然质量很好，但价格就要低得多，只要40元。注意哦，是一斤40元！"

技巧点拨

技巧1：根据农产品本身来确定卖货风格是"土"还是"洋"

许多今天看起来很普通的农产品，只要追溯一下其渊源，就会发现它们可能都是舶来品，如提子、火龙果、蛇果等。很多看起来很洋气的农产品，其实原产地恰恰是国内。从农产品本身出发，更容易确定合适的卖货风格。

技巧2：站在消费者的立场来确定卖货风格是"土"还是"洋"

牛油果的大多数消费者是注重健康的都市白领，所以卖货风格不妨"洋"一点。松茸之类的菌菇虽然价格很高，但其消费者大多喜欢自己花时间煲汤、做饭,也就是比较"宅",所以卖货风格"土"一点也没关系。

总而言之,卖货风格是"土"是"洋",从定位上讲,要从农产品本身的特性出发;但从本质上讲,要站在消费者的立场进行思考(见图1-12)。

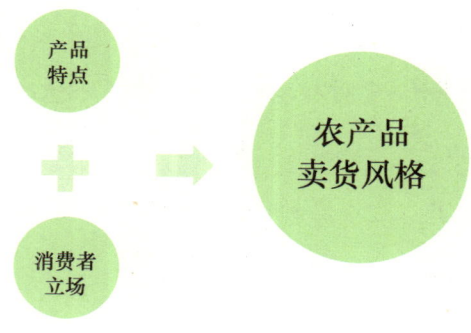

图1-12　影响农产品卖货风格的两个因素

08　常见农产品的卖货方法

很多主播卖的货都是常见农产品,虽然利润比较低,但只要销量上去了,利润也很可观,这就是所谓的薄利多销(见图1-13)。

但是,我们千万不要以为,常见农产品需要的人多、买的人多,卖货一定很轻松。相反,由于常见农产品的销售点比较密集,很多消费者已经形成了固定的消费习惯。以大米为例,不少消费者习惯去超市买一袋金龙鱼或福临门大米,大米快吃完的时候,他们很少会想:"要不要去直播平台上找找好吃的大米?"

因此,卖的货是常见农产品时,主播面临两大困难,一是竞争激烈，二是很难改变消费者的消费习惯。要想把常见农产品卖好，主播一定要掌握正确的卖货方法和话术。

图1-13　薄利多销

案例回放

赵某原本是一位苹果销售商，但在2020年开年的时候，由于全国的货运渠道暂时关闭，他手头囤积的几十万斤苹果难以销售。无奈之下，他只好选择直播卖货。

苹果是一种十分常见的农产品，直播卖货的难度不小。赵某为了将苹果卖出去，采用了现场连麦的方式，也就是请吃过他苹果的人连麦，让他们讲述自己的消费体验，然后赵某在一旁做补充说明、插科打诨，活跃直播间的气氛。没想到，这种方式非常吸引粉丝，在短短一个月的时间内，他的苹果就卖光了。

从此，赵某决定做专职农产品卖货主播，他认为这种销售方式比传统方式更有效率。

卖的货是常见农产品时,一定要想一些非常规的招数。如果仅仅是在直播间描述产品特点、价格信息,就很难吸引粉丝。我们要运用一些特殊的话术和卖货技巧,让那些司空见惯的农产品产生特殊的吸引力。

范例1

大米是一种常见的农产品,如果卖的货是大米,我们应该怎么办呢?我们可以将大米、紫米、黑米、小米、红米(高粱米)各自包装好,然后打包销售。虽然这五种米都是常见的农产品,但我们可以通过话术赋予它们非同一般的意义。

在直播间,我们可以这样说:"中国人讲究五行,还有一句话说'五色蕴五行'。今天我们带来五种颜色的米,它们加在一起完全符合五行的定义,而且营养配比非常合理,能够滋养大伙的身体。"

范例2

如果卖的货是普通柑橘,我们可以在直播间开展幸运抽奖活动。我们可以这样说:"一般橘子有7到14瓣果实,很少有少于7瓣或者多于14瓣的。我们现在举办幸运抽奖活动,如果你从我这里买一箱橘子,而这箱有果实多于14瓣或者少于7瓣的橘子,你拍个图片给我,我下次给你打8折。"

技巧1：通过语言调动粉丝的积极性

销售常见农产品时一定要出奇制胜，不能因为我们卖的货十分常见就产生懈怠情绪，敷衍了事，而要通过语言调动粉丝的积极性。发掘典故、结合传统文化进行介绍、讲几个相关的小故事都是很有效的方法。

技巧2：设置一些特殊环节

从形式上来说，我们可以设置一些特殊的环节，以获得出奇制胜的效果。除了抽奖，我们还可以举办或者参与公益活动等，尽可能增强直播的吸引力（见图1-14）。

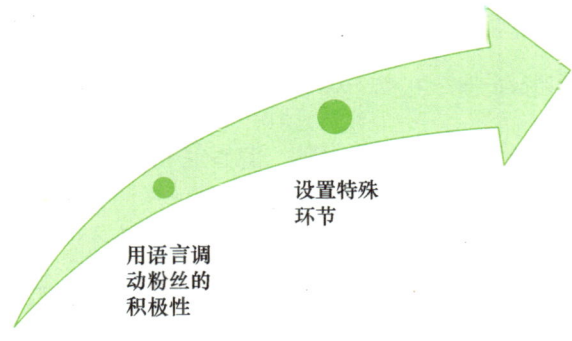

图1-14 增强常见农产品对粉丝吸引力的方法

09 高端农产品的卖货方法

卖的货是高端农产品时，最大的障碍就是体验。很多高端农产品只存在于人们的耳闻之中，很少有人直接体验过。因此，如何通过直播,用自己的语言,带着粉丝体验高端农产品,是一个非常值得思考的问题。

案例回放

某农产主播卖的货是伊比利亚火腿,这是一种来自西班牙的高端食材,国内很少有人吃过,大部分消费者平时也没有消费这种产品的习惯。为了把自己的产品更好地介绍给粉丝,这位主播是这么说的:

"伊比利亚火腿在西班牙的地位和金华火腿在国内的地位是一样的,都是一腿难求。"(通过类比让粉丝对产品产生初步的认识。)

"但是,伊比利亚火腿的制作方法上和国内的火腿有很大的不同,它对原材料的选择十分讲究,只有用西班牙本地一种特产猪的腿做成的火腿,才有资格叫伊比利亚火腿,其他猪都不行。"(通过介绍特殊之处强化产品的高端定位。)

"现在,我们切一片火腿。哇,晶莹剔透,就好像汉白玉和红宝石有机地结合到了一起!"(通过描述外形让粉丝对产品产生好感。)

"你们知道吗,这个火腿是可以直接吃的,保证安全,保证美味!哇,它的口感实在太好了!说真的,它和金华火腿有很大的不同。当然,它们都很好吃,但伊比利亚火腿有一种独特的风味,只有尝了才知道。"(通过描述味道勾起粉丝的食欲和好奇心。)

销售高端农产品讲究声情并茂。因为粉丝对你的产品没有直观认识，所以你必须通过语言把产品的好处展现出来，有时适当地夸张一些也是可以的，高端农产品带给人的味觉体验毕竟非同一般。

另外，我们在介绍高端农产品的时候一定要介绍它的产地和历史，就像普通人对公众人物的出身很感兴趣一样，消费者对高端农产品的历史渊源同样很感兴趣。

范例1

如果卖的货是库尔勒香梨，我们可以这样说："库尔勒香梨现在似乎满大街都是，但是你要知道，最原始的库尔勒香梨产区只是库尔勒地区不到300平方公里的一小片，那里才是真正的核心产区。你在市场上很难买到这种香梨，但现在我们终于找到了核心产区的库尔勒香梨，以此回馈大家。"

范例2

如果卖的货是牛肝菌，我们可以这样说："牛肝菌在云南被人称为见手青，是一种十分鲜美的蘑菇。不过，因为牛肝菌和很多有毒的蘑菇长得有点像，每年都有很多人因为误食毒蘑菇而中毒。不过，大家可以放心，我们的牛肝菌都是精挑细选的，保证安全、健康！"

 技巧点拨

技巧1：消除隔阂

粉丝对他们没见过、没吃过的农产品其实是有隔阂感的。为了消除这种隔阂，我们在销售一些不常见的农产品时，应该先把它们与粉丝常见的东西联系起来。例如，石头鱼的外形很丑，粉丝容易产生抗拒心理，因此我们要把它和其他鱼类联系起来，我们可以说："石头鱼和日本人非常爱吃的鮟鱇一样，都是长得丑、吃起来香的海鲜。鮟鱇被称为日本料理的精髓，其实石头鱼的味道和它一样好！"

技巧2：生动描述食用体验

我们可以将高端农产品的食用体验用生动的语言说出来，引起粉丝的好奇心和食欲，促使他们下定决心购买（见图1-15）。

图1-15　如何推荐高端农产品

第二章

直播卖货，先学会推销自己

第一节　开场白有趣，你就成功了90%

10　用幽默的开场白勾起新粉丝的兴趣

在整个直播过程中，我们最有能力把握也最好把握的时间段就是开场，因为此时互动还不是很频繁，不用担心被粉丝"带节奏"，只需执行事先准备好的方案即可。直播的开场白非常重要，我们要尽量准备一些比较幽默的开场白（见图2-1）。

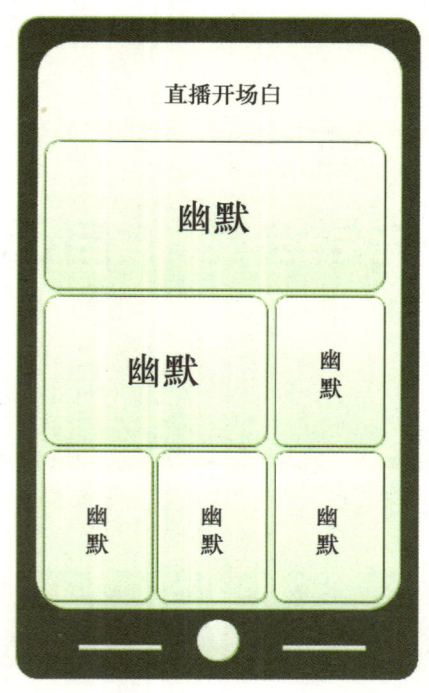

图2-1　直播开场白，幽默很重要

很大一部分粉丝看直播就是图个乐，因此，如果我们能在直播一开场就传递一种快乐的情绪,就能给新粉丝留下更好的印象,营造轻松、愉快的直播氛围,让接下来的卖货变得更容易。

一位农产品主播销售的水果质量非常好,但价格稍微贵一点。于是,很多粉丝调侃他"哄抬物价""产品太贵"。在一场直播的开始,该主播满脸愁容地说他最近生病了。

粉丝很关心地问:"什么病?没事儿吧?"

主播说:"没啥大病,去医院让医生看了看。"

粉丝问:"医生怎么说?"

主播说:"医生说没什么大碍,让我回家多喝热水、多吃点水果就好了,不用打针吃药。我一想,我的水果多贵啊,吃不起啊,所以就跟医生说,您还是给我打针吃药吧,水果实在吃不起!"

该主播的话说完,直播间的留言立刻飘过一大堆"哈哈哈",气氛瞬间变得活跃起来。

案例中的主播的聪明之处在于,他利用粉丝平日对自己的"吐槽",讲述了一个非常生活化的小笑话,不仅逗乐了粉丝,也通过自我嘲讽的方式淡化了粉丝对水果价格偏高的抱怨。毕竟他都开始"吐

槽"自己了,粉丝还有什么好说的呢?

范例1

某主播在开场的时候说:"昨天我跟邻居买土鸡蛋,邻居说买什么呀,送你几个不就行了?我心想那多不好意思,还是得给人家钱,所以就掏出50元钱硬塞到他手里。你们猜,邻居拿到钱说了什么?"

"你要买的话,50元不够,得再给我50元!"

范例2

某主播开场的时候是这么说的:"昨天我把咱们这个很好吃的苹果拿了几个给小侄女吃。小侄女让我先挑,我就问为什么要让我先挑,侄女说她听了孔融让梨的故事,小孩要谦让大人。我很高兴,就挑了一个。结果,侄女对我说'让你挑,你就把最大的那个挑走了,不知道女士优先吗?怪不得找不到女朋友哦'。"

技巧1:笑话要尽量生活化

我们要尽量选择生活化的笑话,也就是说,笑话中的场景要看起来像是我们生活中真实存在的,这样才能让我们讲的笑话既幽默又不做作,没有生硬感。

技巧2:开场白的内容要与直播主题相关

开场白不是光幽默就可以了,最好与直播主题有所关联,这样我们才能通过开场白很自然地转入正题,不然就会造成开场白与直播内容之间的割裂,影响卖货效果。

11 好话一讲,谁不欢喜

直播开场时要讲一些好话,让粉丝感到欢喜。什么是好话呢?简而言之,就是粉丝爱听的话。如何才能让粉丝爱听你说话?这既是口才的问题,也是态度的问题。

首先,你要找到自己和粉丝的契合点,通过自己的语言,营造和粉丝一见如故的感觉。

其次,你要让粉丝觉得你是他们的自己人,而不是高高在上的说教者,也不是一个畏首畏尾、不够自信的主播,这样大家才能更好地交流。

最后,你说的话一定要迎合粉丝的需求。他们之所以关注你,就是因为你的言语或者行为满足了他们的某种需求(见图2-2)。

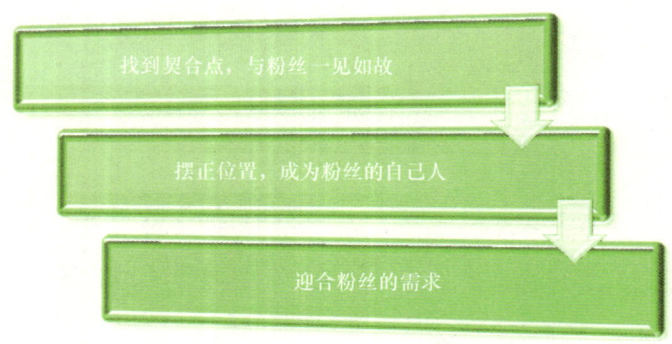

图2-2　如何让粉丝爱听你说话

某主播开始直播的时候，总会说这样一句话："感谢大家又来到我的直播间，虽然我们可能相隔万里，但是每次进入直播间的时候，我都感觉是在和自己最亲近的朋友聊天。现在，对我来讲，每天和大家一起谈天说地是最快乐的事情。"

另外一位主播在开始直播时会念出最早进入直播间的10位粉丝的用户名，他是这样说的："欢迎××进入我的直播间，××是今天第一个进入直播间的人，所以我会送给他一个小礼物，不成敬意。欢迎×××进入我的直播间，×××是大家的老朋友了，每天准时准点地来，我都怀疑你的工作就是看直播，要不然怎么从来不迟到啊？"

对粉丝来讲，好话不一定是恭维的话、夸奖的话，能够拉近他们与主播之间的距离的话就是好话。作为主播，一定要具备"自来熟"

的特质。虽然你和粉丝在现实中互不相识,但一定要通过合理的话术,从直播一开始就不断拉近彼此的距离,消除双方的隔阂。

直播卖货是一项工作,也是一个需要与他人深度交流互动的事业,所以我们不能光是机械地完成任务,而要在直播过程中真听、真说、真感受,这样粉丝才爱听、想听你说的话,他们才愿意花上一个小时甚至更长时间,守在屏幕面前与你互动、交流,乃至下单付款。

实战演练

> **范例1**
>
> 为了拉近我们与粉丝之间的距离,我们可以和粉丝聊一聊家常:"今年水果的收成还不错。我们果农收成不好的时候很烦,因为产量太少的话就挣不到钱;收成好的时候也很烦,因为价格上不去,还有可能卖不出去,这样一年的辛苦就白费了。"

> **范例2**
>
> 我们可以通过互动与粉丝拉近距离。我们可以这样说:"在我们这个地方,波罗蜜是要蘸着盐水吃的。很多人不理解,为啥甜的东西要蘸盐水吃?其实,大家可以试一试,真的很好吃。我还听说,有的人吃荔枝喜欢蘸酱油,你们中间有谁吃过蘸酱油的荔枝?举一下手,给其他人讲一讲蘸酱油的荔枝是什么味道。欢迎大家在留言中交流哈!"

技巧1：说粉丝能听懂的话

主播要想拉近自己与粉丝的距离，一定要说粉丝听得懂的话，讲他们感兴趣、关心的事情。如果他们听不懂、不了解你说的，而且也没兴趣了解，那么粉丝很快就会厌倦、离开直播间。主播要站在粉丝的角度考虑问题，说他们想听、爱听的话。

技巧2：搞明白自己的粉丝到底是哪类人

每一位主播的粉丝其实都是一类人。这也是人际交往中最朴素的道理：随着沟通的深入，到最后一定是同类人吸引同类人。你一定要搞明白自己的粉丝是哪类人，他们有什么特点，关心哪些话题，这样才能说出他们喜欢听的话。

12　产品推介要精练而有力

卖货主播主要是通过销售产品来获得收入的，因此做好产品推介非常重要。但是，我们要明白一个道理：重要的事情不一定是你需要花很长时间去做的事情。

如果你在直播过程中一个劲儿地推介产品，却没有其他内容，就很难吸引粉丝。而且，又长又乏味的产品推介非但起不到正面作用，还有可能引发粉丝的反感。因此，我们在推介产品的时候一定要掌握一项基本原则——精练却有力量。

第二章 直播卖货，先学会推销自己

案例回放

某主播在介绍胡萝卜时是这样说的："我们的延津胡萝卜到底有多好，我不多说，就给大家讲两个事情。第一，清朝的时候，延津胡萝卜是宫廷贡品。那个时候，我们的胡萝卜不叫胡萝卜，而叫贡参。什么意思，你自己品，细品！第二，我们的胡萝卜，你摔到地下，能摔成八瓣，它有多脆就不用我多说了吧！现在正是胡萝卜成熟的季节，过了这一个月，想买也买不到了，大家想吃的话，就赶紧下单吧。"

解析

案例中的这位主播用很简单的话就点出了延津胡萝卜的四个特点（见图 2-3）。第一，历史悠久，在清朝的时候是宫廷贡品。第二，营养丰富，人们管延津胡萝卜叫贡参，其实就是在暗示这种胡萝卜的保健功效像人参一样好。第三，含水量足够高、新鲜，摔到地下能摔成八瓣就是最好的证明。第四是口感好。摔到地上摔成八瓣的胡萝卜，能不脆、不好吃吗？

这是一个典型的用最简单的语言有力地突出产品特点的案例。我们在介绍自己的产品时也应该遵循这样的原则，这样粉丝才不会觉得你说了半天就是想卖货。当然，如果粉丝愿意跟你互动，希望多了解产品，你也可以多讲一些。

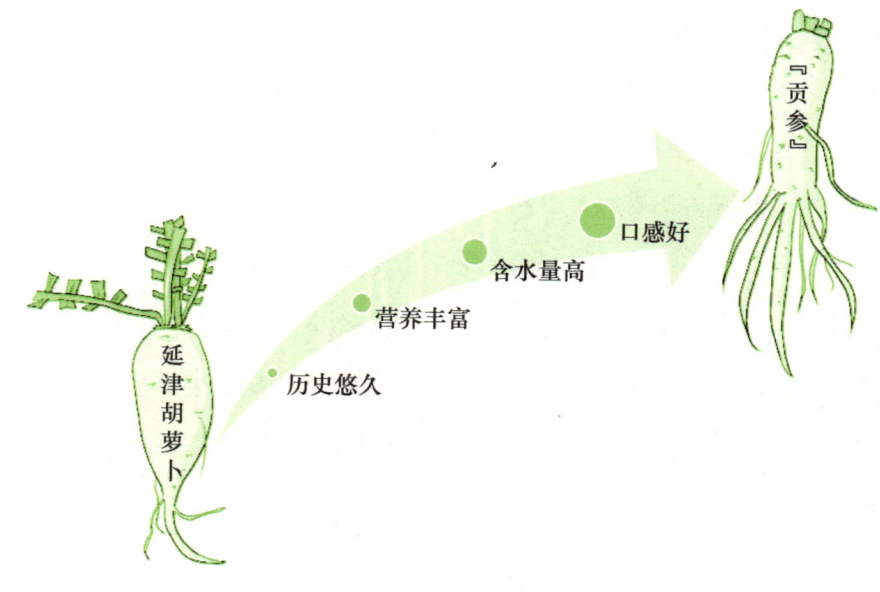

图2-3 延津胡萝卜的特点

范例1
推荐芒果时,我们可以这样说:"我的芒果好不好,你只要看看外表就知道了。黄橙均匀,表皮光滑,上面一个黑点都没有,这就是好芒果的标志!你买回家要是觉得不好吃,就来找我!"

范例2
推荐小米时,我们可以这样说:"我们蔚县的小米在700年以前就是贡米,也就是专门种给宫廷吃的米。现在,我们的小米还是用700年以前的方法种出来的,好不好就不用我多说了吧?"

技巧1：做好总结

推荐产品时，一定要做好总结，把产品的核心优势一一罗列出来。

技巧2：戳中粉丝的痛点

有时候，主播说了一大堆，都没有戳中粉丝的痛点，等于白说。如果你能直接说到粉丝的心坎上，满足他们最核心的那个需求，其实一句话就够了。例如，非常火爆的"月子鸡"之所以得到很多孕妇的青睐，就是因为这句话——"月子鸡，就是为坐月子的人准备的"。这句话一下子就戳中了粉丝的痛点，产品自然能取得很好的销量。

技巧3：对自己推荐的产品要有信心

那些在介绍产品时啰里啰唆的人，在很大程度上是因为对自己推荐产品没有信心，所以才反复强调产品的特点。作为主播，我们首先要找到好产品，找到好产品之后，就应该有充分的信心，这样你在镜头前面的表现和语言才能传递给粉丝一种非常真实、可信的感觉（见图2-4）。

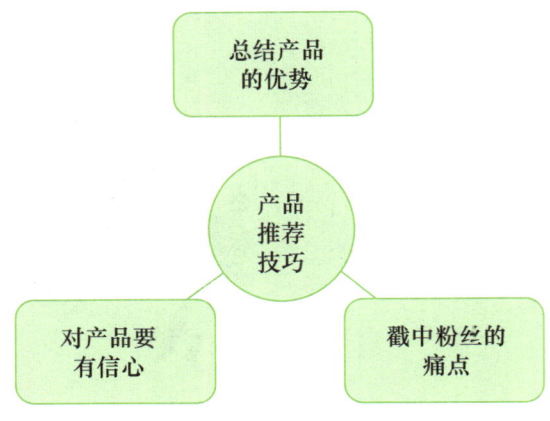

图2-4　产品推荐技巧

第二节　这样说，才能增强粉丝黏性

13　设计小环节，让新粉丝参与进来

直播最忌讳自说自话、自我感觉良好，因为我们不是播音员、主持人，也不是在朗诵诗歌。在直播间里面，我们更像一个组织者，我们要和粉丝互动起来，让粉丝和粉丝互动起来。只有这样，直播间的气氛才能热烈起来，粉丝才会把你的直播间当成自己的根据地，进而产生黏性（见图2-5）。

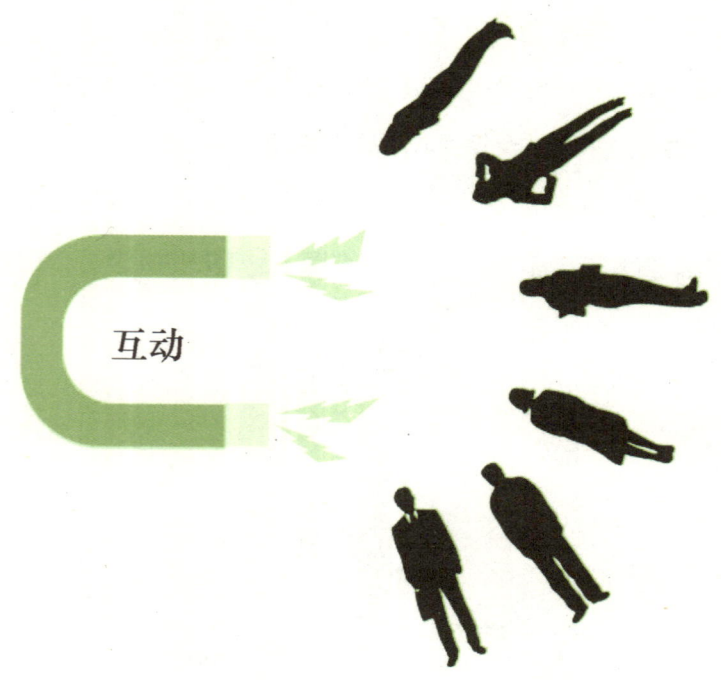

图2-5　通过互动增强粉丝的黏性

 **案例回放**

某农产品主播在直播的时候,经常会在现场把农产品做成食物,用这种方式来推荐自己的产品。但是,他针对烹饪环节做了一个非常特殊的设计——粉丝可以遥控他的整个烹饪过程。因此,每当他开始做饭的时候,直播间里总是很热闹。

"我感觉你这个菜应该再多放点辣椒,现在看起来不够辣。"

"应该出锅了,再煮下去要柴了。"

"做这个菜一定要多放醋,现在放得太少了,最好再放两勺。"

通过这种方式做出来的菜的味道当然不会太好,但是这位主播却充分利用这一点在试吃的时候开始与粉丝进行第二波互动。

"刚才谁让我多放辣椒来着?你来尝一尝!能把人辣死!"

"还让我早出锅?现在都没熟!你说怎么办吧!"

"嗯,多放点醋确实好吃,这位粉丝一看就是厨神。好吃!"

这位主播的直播间每天都很热闹,一大批粉丝每天看他的直播,参与"云做饭",粉丝的黏性也非常高。

 **解析**

互动可以增加粉丝的参与感和获得感,增强粉丝的黏性(见图2-6)。这是因为,互动可以让粉丝觉得,这场直播不仅是主播的事情,他们也能参与其中,成为他们的事情,而人们对自己的事情肯定

更关心。我们一定要根据自己的直播特点,设置一些能够让粉丝参与进来的小环节。掌握了互动的诀窍,才能从青涩的主播成长为成熟的主播。

图2-6 增加粉丝参与感和获得感可提升粉丝黏性

范例1

在与粉丝互动时,我们可以这样说:"大家记住几个公式,葡萄＝橘子,西瓜＝草莓,苹果＝荔枝。待会我会拿出葡萄、西瓜、苹果这三种水果中的一种,你们看到之后要立刻留言,给出对应的水果,前三位给出正确答案的粉丝,我会赠送你们一箱苹果,包邮哦!"

范例2

在与粉丝互动时,我们可以这样说:"下面咱们一起做个小游戏,按照赤、橙、黄、绿、青、蓝、紫的顺序,报出相应颜色的农产品名称。例如,我先说火龙果,火龙果是赤色的,接龙的人要报出一种橙色的农产品,10秒之内报出来的有效,并且可以参加下一轮接龙。谁能坚持到最后,谁就是最终的获胜者,好不好?"

技巧点拨

技巧1：互动时要确保公平公正

设计互动环节时，一定要遵循公平公正的原则，千万不要有所偏向。如果在互动环节进行"暗箱操作"，就会引起粉丝的反感，得不偿失。

技巧2：团结大多数人

直播是以人气论英雄的行业，我们要团结大多数人，设计互动环节时也要让尽可能多的粉丝参与进来，这样才能让直播间拥有良好的氛围，进一步增强粉丝的黏性。

14　粉丝中途入场，要把他们拉入话题讨论

在直播的过程中会有很多中途入场的粉丝。如何让这些中途入场的粉丝不会产生隔阂感，不觉得自己是个外人，是我们需要思考的重要问题之一。

如果你是一位新手主播，那么直播时不会有固定的粉丝来捧场，大多数人是中途入场的，留住这些粉丝自然是头等大事。否则，粉丝来来去去，你无法积累人气，也会给正在看直播的粉丝一种"这里想来就来、想走就走"的印象，这将对增加粉丝人数起到非常负面的作用，这无疑是我们不想看到的。

案例回放

某主播在直播过程中发现有粉丝中途入场,一定会特意说一句:"欢迎×××来到我的直播间,你来得正是时候,因为我们的直播到了最关键的时刻……"

后来,他的粉丝越来越多,他的影响力越来越大,中途入场的粉丝也越来越多,他根本来不及一个一个报粉丝的名字。不过,他是一个非常有心的人,每次看到中途入场的粉丝是老粉丝,他都会特意提一句。每隔一段时间,他都会说:"有很多粉丝刚刚进入我们的直播间,可能不知道之前发生了什么,我现在就给大家简单回顾一下刚才的内容……"

通过这种方式,他让每一个进入直播间的观众都获得了一定的存在感,粉丝对他的直播更有兴趣了。

解析

刚开始做直播的时候,我们的粉丝很少,我们要尽量照顾到每一个中途入场的粉丝,因为他们就是你的"基本盘"。随着粉丝数量的增多,越来越多的粉丝是中途入场的,我们已经不可能照顾到每一个人。此时,我们要每隔一段时间就对直播内容做一个总结,并把直播分成几个段落进行,避免中途入场的粉丝根本不知道我们在说什么、干什么(见图2-7)。

图2-7 照顾好中途入场的粉丝

范例1

遇到熟悉的粉丝中途入场,我们可以跟他们开一个小玩笑:"今天×××这位大哥来晚了,这个时间才过来,很不正常啊!是不是被老婆罚跪搓衣板了?"

范例2

遇到大批粉丝集中入场,我们可以这样说:"为什么突然有这么多人进入我的直播间?是不是你们在外面得到了什么风声,知道我接下来要放大招了?"

 技巧点拨

技巧1：让粉丝产生被重视的感觉

粉丝中途入场之后，如果发现你还在喋喋不休地和最开始进入直播间的那些粉丝说着一些后来者根本听不懂的笑话，就会感觉自己受到冷落。为了让中途入场的粉丝产生被重视的感觉，我们最好不要一个话题从头说到尾，而要把直播分成三到四个部分，每个部分都有相应的话题。这样一来，即便是后面入场的粉丝，也能听懂我们在说什么，也能加入讨论。

技巧2：想办法让中途入场的粉丝加入互动

与粉丝互动不能从头到尾都只和一小部分人进行，看到中途入场的粉丝，我们一定要找个合适的时机把互动的规则和方法告诉他们，引导他们加入互动，增强这部分粉丝的黏性（见图2-8）。

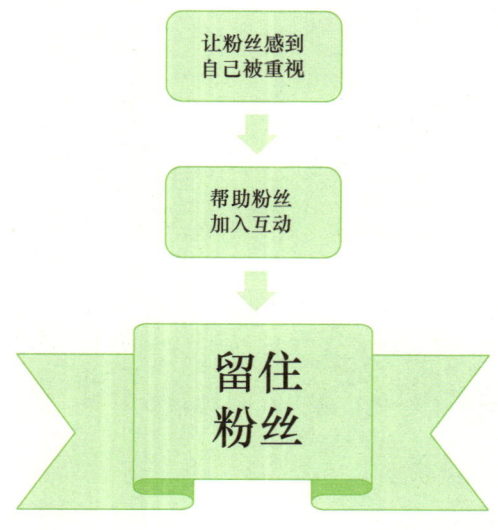

图2-8 如何留住中途入场的粉丝

15　单向输出怎比得过双向沟通

互动能力是决定主播生命力和竞争力的关键因素之一。互动不仅包括直播过程中的互动，也包括直播之外的互动。例如，在直播结束之后，仍会有很多粉丝给主播留言，主播要酌情回复这些留言，这就是一种直播之外的互动。

直播结束可不等于"下班"，我们一定要认真对待粉丝的留言和其他各种反馈，这样才能在后续的直播中进一步加强与他们的互动，促进销量的提升。

案例回放

某主播在直播结束之后会花比较长的时间翻看粉丝的留言。不仅如此，他还会在各大论坛找与自己相关的评价。做好这方面的工作之后，他就可以在后续的直播中有的放矢地与粉丝互动。

他经常在直播中对粉丝这样说："昨天我看到有些粉丝说，我们家的厨房太脏了。其实，你们不知道，大部分农村的厨房都不会太干净，因为虽然现在有煤气之类的东西，但很多时候还是要用传统的柴火灶台，炬熏火燎的，很难收拾干净。不过，既然粉丝提出了意见，我也得虚心接受。今天在直播之前，我花了很长时间收拾我们家的厨房，现在就带领大家看一看我的成果……"

"这几天,我在不少地方看到有人说我卖的苹果价格太高了,比超市的还贵。我真的是冤枉啊!大家可能不知道,苹果也是分等级的,最好的是特级,然后是一级、二级、三级……特级苹果一般是往高端市场和国外市场走的。可是,我现在卖的看起来很普通的苹果,其实就是特级苹果,所谓一分价钱一分货,这个价格真的不算贵。"

对主播来说,双向沟通的目的,一是加强和粉丝的联系,二是发现问题、解决问题(见图2-9)。每一位主播都不是完美的,每一场直播都有瑕疵,怎么发现自己的不足?只有和粉丝不断进行双向沟通,通过他们的反馈发现自己的问题,才能不断提升直播水平。

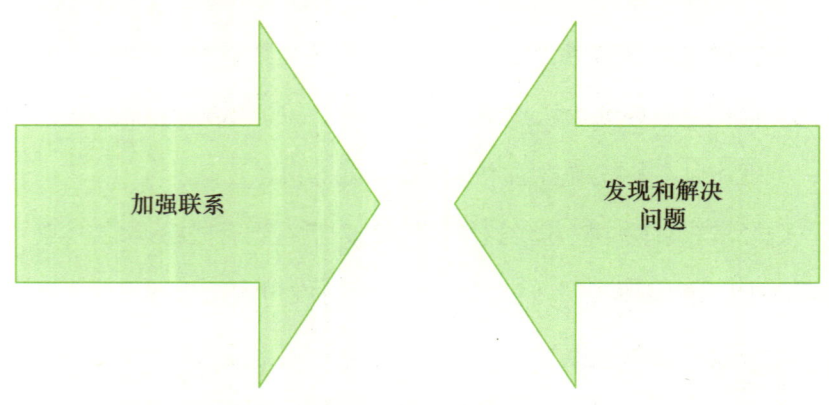

图2-9 双向沟通的两大目的

 实战演练

范例1

如果有粉丝留言说想看关于南瓜的直播，我们可以这样说："有粉丝说想看南瓜，但又没具体说想看什么样的南瓜。于是，我就把能找到的南瓜品种都找来了。大家看一下，南瓜的颜色有墨绿的、橙色的、黄红的，形状也不一样，有小圆南瓜、大个南瓜、中不溜秋的南瓜。我们这里最小的南瓜只有一个拳头大，不是因为它没有长成，而是因为它的品种就是这样！最大的南瓜是我们村子的南瓜王，我特意跟隔壁老王借来的。你们看看，这个南瓜有上百斤，可能比直播间里大部分美女还要重！咱们的女粉丝，谁比这个南瓜还重？麻烦打个'666'。"

范例2

如果有粉丝在直播的过程中"带节奏"，说一些不利于主播的话，我们可以这样说："我有什么问题，欢迎大家指出，不过我不希望看到不负责任的言论，大家讲话要讲道理，对不对？"

 技巧点拨

技巧：用互动化解危机

对于负面言论，我们不能假装看不见，否则就是任由它蔓延生

长。我们要积极地与粉丝互动，化解在直播过程中遇到的危机，澄清对自己不利的言论，维护个人形象，赢得大多数粉丝的支持和理解。这样一来，少数别有用心的人就会知趣地主动离开。

第三节　给粉丝一个明天还看你的理由

16　制造悬念，勾起粉丝的好奇心

做直播，最忌讳的就是粉丝看了今天的内容就知道明天的内容。一旦让粉丝形成这种"这个人天天就是这一套"的印象，粉丝就会逐渐流失。

要想让粉丝明天还来捧场，我们在今天就要制造一些悬念，勾起他们的好奇心。

某农产品主播在结束直播之前总会制造一些悬念，吊足粉丝的胃口。

他在某场直播结束时是这样说的："明天我给大家带来的是水果中的'维C之王'，但不是大家想象中的那种'维C之王'，而是南方的一种很罕见的水果。这种水果虽然营养丰富，但是大部分人都没见过，更没吃过。如果你们想要见识一下，那么明天9点来我的直播间，我将为大家揭晓答案。"

在某一场直播中，他在地上挖了几个洞，然后把很浓稠的米汤倒进洞里。粉丝们纷纷问他在干什么，他说："我这么做可不是闲得没事儿做，至于有什么用，现在还不能告诉你们。三天之后，你们就知道答案了！"

解　析

在直播过程中制造悬念有两个目的。第一，给粉丝一个明天还来看我们直播的理由。如果我们的直播内容总是平淡如水，再铁杆的粉丝也会有审美疲劳的时候。因此，我们一定要学会制造悬念，让粉丝对自己始终充满好奇。第二，我们可以通过悬念制造话题，让粉丝在猜测、想象中对接下来的直播内容充满期待（见图2-10）。

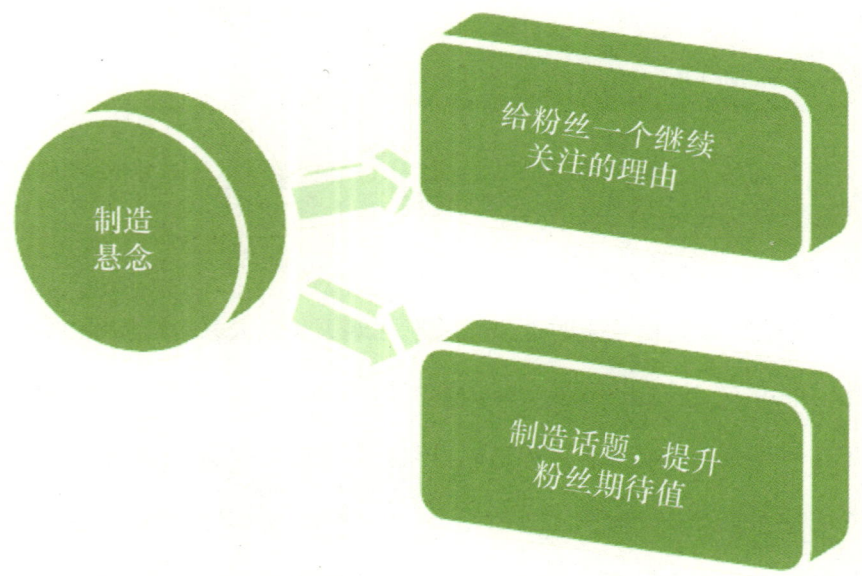

图2-10　在直播过程中制造悬念的目的

 实战演练

范例1

为了制造悬念,我们可以这样说:"很多人说柿子和螃蟹不能一起吃,这种说法到底有没有道理呢?我决定亲自试一下。明天,柿子加螃蟹走起!"(柿子和螃蟹一起吃会中毒是民间的一种误传,同时食用正常数量的柿子和螃蟹是没有任何危险的。)

范例2

为了制造悬念,我们可以这样说:"很多人不相信我们的农产品是用有机肥料种出来的,所以我决定给我们的土壤做一个检测,看看它到底有没有添加农药、化肥,咱们明天见分晓。"(简单的土壤检测试纸价格并不高。)

 技巧点拨

技巧:通过小细节制造悬念

为了在直播过程中制造更多的悬念,我们平时要注意那些粉丝不太了解、意想不到的农产品小细节和农村生活小细节。例如,很多农产品主播会在邻居的地里直接拔几个萝卜吃一吃。他们故意不解释自己的这个行为,很多粉丝就会想:"他这么做会不会被邻居追究责任呢?"这就是一个很好的悬念。

后来，主播适时地揭晓了答案。其实，在很多农村，你采我一颗果子，我拔你一根葱，是再正常不过的事情了。通过这个制造悬念、揭晓答案的过程，我们可以让更多的粉丝对直播内容产生强烈的兴趣。

17　一个好的下期预告应该是这样的

通过制造悬念的手法做下期预告是一个不错的方法，但不是唯一的方法。一个好的下期预告除了要有悬念，还要有粉丝关注的热点。也就是说，下期预告如果能够紧贴时事，往往会取得更好的效果（见图2-11）。

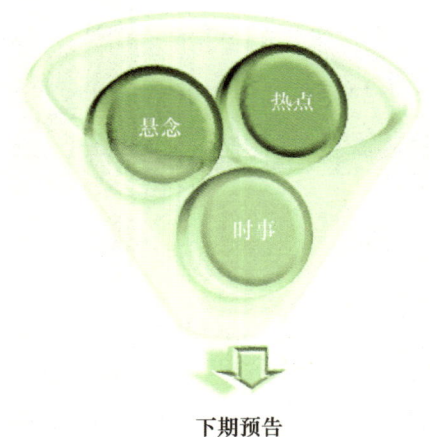

图2-11　一个好的下期预告应该具备的元素

某主播在进行下期预告的时候，经常会把直播内容和粉丝经常关

注的热点话题联系起来。

在"中国有嘻哈"这个节目开始火爆起来的时候，他在一期节目预告中是这么说的："现在'中国有嘻哈'很火啊，不过我想让大家知道，我们农村也有嘻哈。在下一场直播中，我要用嘻哈的方式为大家介绍一下我们家乡的特产。"

在电影《复仇者联盟》刚上映的时候，他在节目预告中这样说："最近我们村的田被虫子咬得厉害，所以我和我们家的狗子、阿鸡组成了'复仇者联盟'，下期节目带大家去田里捉害虫，然后交给阿鸡食用。啥叫跑山鸡，啥叫绿色饲养，明天你们就可以看到了！"

紧贴时事的预告容易引起粉丝的兴趣。从传播的角度来说，这样做预告既能让下一场直播的话题性十足，也有利于直播内容的传播。

范例1

下一场直播打算做关于小龙虾的内容时，我们可以这样说："最近网上有很多人传言，说小龙虾是吃污泥、吃水里的脏东西长大的。那么，在下一场直播中，我们就用各种东西来投喂小龙虾，看看它们到底吃什么、不吃什么。"

> **范例2**
>
> 下一场直播打算做关于西瓜的内容时,我们可以这样说:"网上有很多人说,那种很甜的西瓜里面都注射了糖水。既然大家都这么说,那么下一场直播我就给西瓜注射一下糖水,让大家看看糖水注射到西瓜里面到底是什么样子。我们的西瓜难道是因为注射了糖水才这么甜吗?"

技巧点拨

技巧1:多了解网络上的热点事件

农产品主播和其他主播一样,要把网络当成主战场,对自己的战场有充分的了解。了解网络热点话题的渠道主要有三个,分别是论坛、时事新闻和视频网站。现在的论坛都有热门帖功能,而大多数论坛的热门帖其实都在讨论热点事件。我们还要关注时事新闻,了解最新的时事,这样才能在一个热点刚开始形成的时候就加入讨论,不用总是"炒冷饭"。现在很多热点事件最初都是在视频网站完成初步发酵的,所以我们也要多关注视频网站。

技巧2:热点事件要与直播内容有关

主播不仅要了解热点事件,还要学会把直播内容与其联系起来。这样一来,很多并不是我们粉丝的网络用户,才会在搜索的时候留意到我们的直播内容,并对我们产生初步的兴趣。

在日常生活中,我们一定要注意搜集网络上可能会火或者已经火起来的关键词,并把这些关键词融入节目预告,这样才能增加自己的曝光率。

第三章

制造话题，让粉丝产生共鸣

第一节 主播应该是制造话题的高手

18 成为话题制造者

善于制造话题是每一位优秀的主播都具备的核心能力之一。因为有话题,所以即便在不直播的时候,他们也可以得到粉丝的关注,甚至成为大众津津乐道的"现象级人物"。

如果你在制造话题方面具备超群的能力,那么在直播间营造出来的热度也能延伸到直播间之外,引发极大的关注。著名的农产品卖货高手华农兄弟就是很好的例子。

华农兄弟在直播中制造了很多话题,如"找理由吃竹鼠""村霸"等。

2020年以前,华农兄弟的主业是竹鼠养殖。为了推销自己的竹鼠,他们经常在镜头前为大家展示竹鼠的烹饪方法。这本来是一件很平常的事情,华农兄弟却以特殊的方式制造了不少热点话题。

华农兄弟在吃竹鼠之前总要找一些奇怪的理由,例如,这只竹鼠中暑了,这只竹鼠受了内伤,这只竹鼠太能吃了,这只竹鼠抑郁了,等等。久而久之，粉丝们就开始猜测，下一次华农兄弟要以什么样的理由去吃自家的竹鼠。这逐渐成了一个非常热门的话题。

华农兄弟身上的另一个话题就是其"村霸"行为。他在路过自己兄弟家的红薯地时，自言自语地说："挖几块地瓜去烤，他应该不会骂我。"说完之后，他就开始挖，挖了一大堆，然后用提前准备的锡纸把红薯包起来烤着吃了。他在另一个兄弟家看到一只猪，结果第二天的直播内容就是烤猪肉。

华农兄弟当然不是强行占有他人物品的恶霸，他只是按照农村的生活方式在和兄弟们打交道，但是网友觉得很有意思，因为这些行为超出了他们的认知范围。他们调侃华农兄弟为"村霸"，并且在网上展开热烈的讨论，这也成了华农兄弟身上的一个有趣的标签。

主播因为某个话题被人们集中、频繁地讨论，才算是真正地火了起来。可见，制造话题是新手主播走向明星主播的必经之路。有些话题是不经意间制造出来的，但是更多的话题来自主播的刻意设置。

例如，华农兄弟总是找各种理由吃竹鼠，如果不是为了直播，他们吃自己家养殖的竹鼠，肯定不会有这么多理由。但是，为了直播效果，华农兄弟会提前想各种理由，给自己吃竹鼠的行为找一些听起来非常有趣的理由，话题就这样被制造出来了。

 实战演练

一位主播主要卖水果类农产品,他给自己配了一把刀,每次切水果的时候,他都会大吼一句:"水果忍者,刀下无眼!"久而久之,这成了他的一个标志性动作,相关话题也由此产生了。

 技巧点拨

技巧1:制造标签性话题

话题营销已经是一种非常成熟的营销手段,成功案例数不胜数。作为农产品主播,我们应该制造那种可以让我们的形象更加鲜明的话题,也就是所谓的标签性话题。

什么是标签性话题呢?举个例子,你拥有一套专属的语言或者动作,它成了围绕着你的一个话题,最后成了你的标签。这种事情在视频、直播等领域其实很常见,"奥利给""一给我哩giaogiao"都是典型的例子。

技巧2:注意随时跟进

我们在做话题营销的时候,一定要注意跟进。例如,对华农兄弟来说,"找理由吃竹鼠"这个话题就需要持续跟进,否则它很快就会被人忘记。华农兄弟很聪明地不断找新的、更离谱的、更让人忍俊不禁的理由,一直维持这个话题的热度,所以最终取得了很不错的传播效果(见图3-1)。

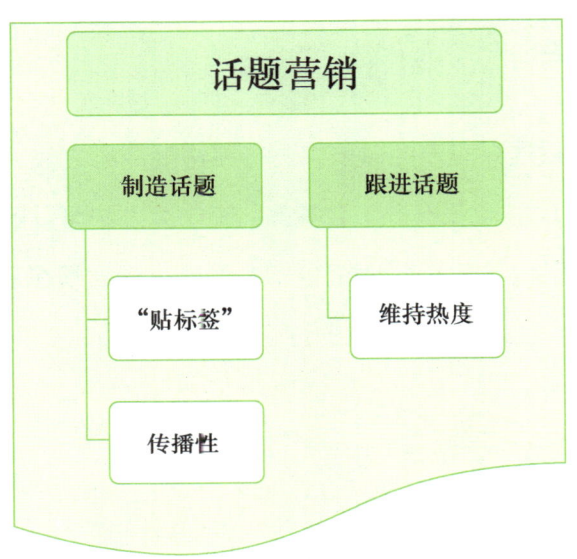

图3-1 话题营销

19 巧妙设计,让意外话题点成为有效话题

直播卖货不能总是中规中矩,否则就会让粉丝觉得平淡如水。在直播过程中,通过巧妙的设计,给粉丝制造一些意外的惊喜或者提出一些出其不意的话题点,往往能够增加直播的趣味性和话题性(见图3-2)。

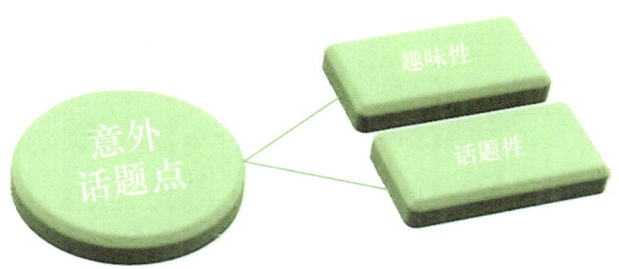

图3-2 意外话题点可以增加直播的趣味性和话题性

 **案例回放**

某主播在推介菠萝的时候,进行完常规介绍之后,突然话锋一转,说:"有时候菠萝吃多了会嘴疼,有什么办法可以解决这个问题呢?大家可以把自己的小妙招说出来。"这个话题既在意料之外,也在情理之中,立即引发了粉丝的讨论。

 **解 析**

优秀的主播一方面会说粉丝想听的话,另一方面会让自己说的话不被轻易地猜到。我们要利用情理之中、意料之外的话题调动粉丝的热情,让他们始终保持新鲜感。如果总是按部就班,说完上一句话,粉丝就可以猜出你的下一句要说什么,他们迟早会觉得主播枯燥乏味,逐渐失去关注主播的热情。

 **实战演练**

范例1

为了引出话题,我们可以这样说:"你们一定认为接下来我会介绍这款产品的优点,错!我们先来说一说它的缺点——不容易保存,买回家就要赶紧吃掉哦!"

第三章 制造话题,让粉丝产生共鸣

> **范例2**
>
> 为了引出话题,我们可以这样说:"以往这个时候是我们的抽奖环节,但今天我们不抽奖了,搞一个公益拍卖。接下来,你们消费的每一分钱,我都会以你们的名义捐给公益组织。"

技巧1:让话题充满情趣

有些话题通过平铺直叙的方式讲述出来,就会显得干巴巴的,没有吸引力。如果我们能换一种表述方式,就会让本来显得平淡的话题充满情趣。例如,介绍产品成分的时候,我们可以将成分的功效与日常生活联系起来:"蓝莓、百合富含花青素,花青素可以让我们的眼睛更明亮。你用明亮的眼睛去看心上人,那叫含情脉脉。"

技巧2:从全新的角度介绍产品

介绍产品的时候,不要重复大家都知道的常识,而要带领粉丝从一个全新的、意想不到的角度去认识产品、了解产品。

20 说话要生动,让话题转换得不生硬

善于说话的人可以通过生动的语言将粉丝带入一定的情境。我们在做直播的时候,也要力求语言生动。尤其是在转换话题的时候,我

们要力求通过生动的描述，让话题转换显得不那么生硬，引导粉丝进入下一个话题或者环节。

某主播与粉丝互动之后，打算进入产品推介环节，他是这么说的："刚才的互动很有趣，但比互动更有趣的是我将给大家介绍的这款产品。今天的这款产品，怎么说呢，它属于那种'人人都听说过，但大部分人没吃过'的产品。而且，根据某些传说，吃了我们的这款产品之后，就会发生神奇的事情！"（这位主播卖的货是人参果新品种。）

从一个话题转向另一个话题是最考验主播口才的时候。如果话题转换得不够圆润，就会让粉丝觉得新话题没意思，好不容易才烘托起来的气氛，到了要卖货的关键时刻却凉了下来，这肯定是我们不愿意看到的。

转换话题时，我们要刻意加入一些生动、有趣的描述，让粉丝更加期待进入下一个直播环节（见图3-3）。

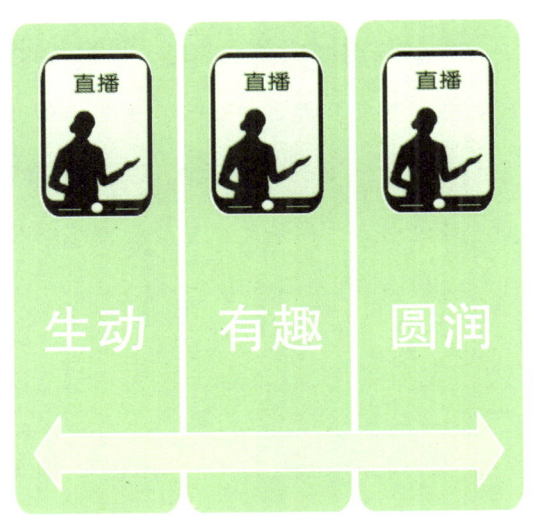

图3-3　直播过程中的话题转换

范例1

暖场结束,要进入正题的时候,我们可以用评书表演者的口吻说:"闲话少叙,言归正传。"停顿一下,看看粉丝的反应,再说:"我们今天要给大家展示的是一款很不一般的农产品。"

> **范例2**
>
> 从产品推介环节转入刺激购买环节时,我们可以这样说:"我相信,这么好的产品,大家其实都心动了,但是为什么好些人没有下单呢?因为他们在想,这么好的东西是不是特别贵?或者在想,这么好吃的东西,经过两三天的快递,它还能好吃吗?下面,我就为大家解答这两个问题……"

技巧1:学习评书的话题转换专用语

我们都听过评书,在评书表演中也会出现话题转换。评书表演者用几百年的时间总结出了一些转换话题时的专用语,如"闲话少说,言归正传""咱们长话短说""列位客官你听分明"等(见图3-4)。评书是一门语言的艺术,直播其实也是一门语言的艺术,它们可以相互借鉴。

技巧2:帮助粉丝思考、发言

转换话题的时候,我们要站在粉丝的立场,替他们说出心中所想。这时候,不管我们说得对不对,都能激发粉丝参与互动的积极性,这样我们就可以更加轻松地掌控局面。

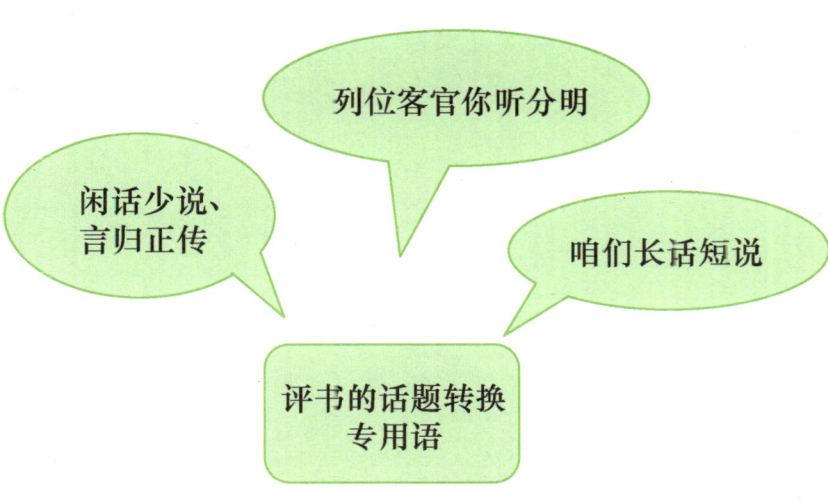

图3-4　评书的话题转换专用语

第二节 主导话题,把焦点始终集中在产品上

21 制造话题,但不要把话题带偏

口才不好的人不见得是说话少的人,那些说了很多话,但东一榔头、西一棒槌,让听众完全不得要领的人同样不受欢迎。作为主播,我们要牢记这一点。

在直播的过程中,我们既要善于制造话题,又不能带偏话题(见图3-5)。真正优秀的主播,在其他人看来说话时可谓随心所欲、畅所欲言,但实际上他们说的每句话都是服务于直播主题的。

制造话题 ≠ 带偏话题

图3-5 制造话题但不能带偏话题

某新手主播卖的产品其实很有竞争力,但是随着直播的进行,直播间的粉丝人数非但没有增加,反而在一点点减少。究其原因,是因为他总是在带偏话题。

和粉丝互动的时候,他没头没脑地蹦出一句:"这位粉丝的说话方式让我想起我的一个表弟,你们两个一模一样,哈哈哈!"

介绍产品的时候，看见有人说他的产品价格高，他顿时按捺不住，说："嫌我的东西贵？你知不知道一分价钱一分货？我有个同学，买什么东西都嫌贵，挑三拣四，省来省去也没见他攒下什么钱……"

描述产品特点的时候，他说："我们这个产品是真正的'维生素之王'，现在有些水果也自称'维生素之王'，像猕猴桃、榴梿什么的，但这些水果其实都不怎么样，榴梿那么臭，居然还有人吃？猕猴桃也好不到哪里去，扎嘴……"

解析

有的主播非常容易"放飞自我"，特别喜欢东拉西扯，这不是一个好习惯。在直播的过程中，适当的临场发挥是必要的，但我们要在既定的主题范围内进行发挥。如果随随便便就抛出一个和主题不相干的话题，然后还围绕这个话题大说特说，粉丝就抓不住主要线索，难以保持注意力，甚至会丧失继续观看直播的动力。

实战演练

在互动环节，粉丝希望主播唱一首歌，这时候我们可以满足粉丝的要求，稍微展露一下歌喉。不过，有的粉丝可能会提出进一步的要求，如果我们一一顺从，话题很快就被带偏了。这时候，我们可以这样说："想让我唱歌不是不可以，但是我有个条件，那就是

> 观看人数每增加1000人,我就唱一首。现在,我们继续刚才的话题,看看过多长时间能有机会再唱一首歌。"主播这样说,不仅把话题拉了回来,还增强了与粉丝的互动。

技巧1:牢记直播的核心目标

直播刚开始的时候,主播比较容易做到围绕核心目标说话。但是,随着直播的进行、精力的消耗,主播可能会暂时忘记直播目标,被粉丝带偏话题。因此,我们在每场直播开始之前,一定要反复强化自己对直播目标的认知,把它们牢牢记在心里,这样在直播的过程中就不容易被带偏。

技巧2:掌控粉丝的心理

成功的主播善于掌握粉丝的心理,不会被粉丝带着走。不少粉丝都会在直播中对主播提出要求,例如,让主播唱个歌,或者让主播按照指定的方式去做某件事情。如果主播有求必应,就会失去自己的节奏。面对粉丝的种种要求,我们要有选择地满足,就像放风筝一样,一会由着它飞,一会把线拉紧。在直播的过程中,我们只需要满足粉丝50%的要求,就可以形成良好的互动;如果百分之百按照粉丝的要求去做,就一定会偏离主题(见图3-6)。

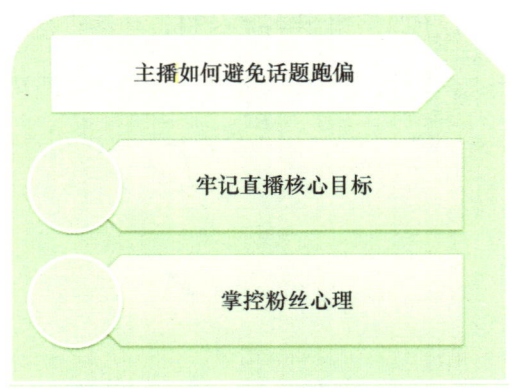

图3-6　如何避免话题跑偏

22　面对粉丝"引战"，要以高情商应对

一位优秀的卖货主播，情商一定要高，具体表现就是：说话的时候，既能够满足各方的心理需求，又不至于给自己惹麻烦，最后还能实现自己的目的（见图3-7）。

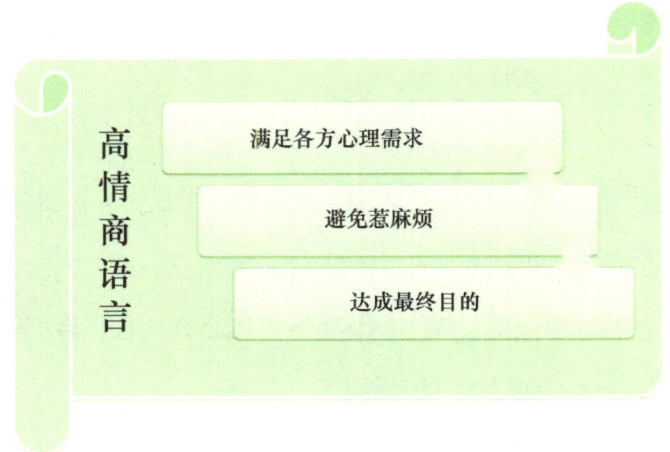

图3-7　高情商语言

高情商语言可以预防和化解各种危机,包括直接的危机和潜在的危机。对主播而言,粉丝"引战"就是一种潜在的危机,如果无法妥善处理,任由粉丝"带节奏",最后一定会给自己带来负面影响。

某主播直播时,有粉丝留言:"大哥,你的产品好,价格也公道,不像隔壁的那位主播,尽弄些假冒伪劣产品糊弄人。"

该主播听闻此言,大感欣慰,说:"没错,我的东西为什么好卖?就是因为货真价实,咱可不赚昧良心的钱!"

此言一出,那位主播的粉丝很快就集结起来,天天到该主播的直播间闹事,还向直播平台投诉该主播"攻击其他主播、造谣",极大地干扰了该主播的正常直播。

"引战"的最大特点就是"捧一踩一"(见图3-8)。当我们成为被"踩"的那个人时,一定不要做出过激的反应。网友的言论五花八门,这没什么好奇怪的。作为网络世界中的公众人物,我们一定要考虑自己的言行将产生什么样的后果。

假如因为有人"踩"你,你就和对方产生不必要的冲突,等事情闹到不可收拾的地步之后,你的直播工作一定会受到严重影响,甚至造成无法挽回的后果。

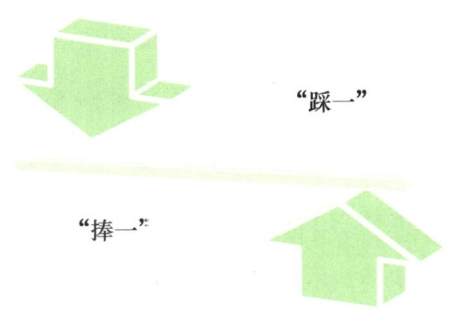

图3-8 "引战"的最大特点就是"捧一踩一"

还有一种情况是，粉丝捧的是你，"踩"的是别人。粉丝愿意给你高评价当然是一件好事，但是我们千万不能因此得意忘形，轻易踏入本应避开的陷阱。案例中的那位主播就是因为随口说了一些可能引起争议的话，结果引起了一场不必要的纷争。

网络世界是真实社会的投射，直播平台放大了主播的影响力，我们一定要时刻注意自己的言行，多说正能量、高情商的话，尽量不要给人留下话柄。

范例1

直播时，有粉丝说"你比×××强多了"，我们可以这样回应："每个人都有自己的选择，都有自己的目标，所以我从来不和别人比较，别人的好不会变成你的好，别人的不好也不能证明你的好。大家说，是不是这个道理？"

范例2

直播时，有粉丝说"×××的产品比你好，还卖得更便宜"，我们可以这样回应："每个人都有自己的判断和选择，如果觉得自己的选择是正确的，就要坚持自己的选择。我做事的原则是不求尽如人意，但求无愧我心。我相信大家都是有判断力的成年人，大家对我的支持是对我最大的认可，非常感谢一直以来都在默默支持我的各位粉丝。"

技巧点拨

技巧1：不要被粉丝"带节奏"

卖货主播说到底是一个与人打交道的职业，难免遇到一些人际关系上的陷阱。我们说话的时候一定要谨慎，不能顺着别人的思路，由着自己的性子，想说什么就说什么，否则迟早会给自己带来一些不必要的麻烦。

面对夸自己、踩别人的"引战"言论，千万不要被粉丝"带节奏"。主播属于公众人物，不可盲目"参战"，应该避免尽量与同行产生不必要的冲突。

技巧2：不要恼羞成怒

面对"踩"自己、捧别人的"引战"言论，千万不要恼羞成怒。任何一位主播都不可能取悦所有人，如果因为少数几个人"踩"自己，就和他们争论不休，只会掉进圈套，让自己陷入不利的境地（见图3-9）。

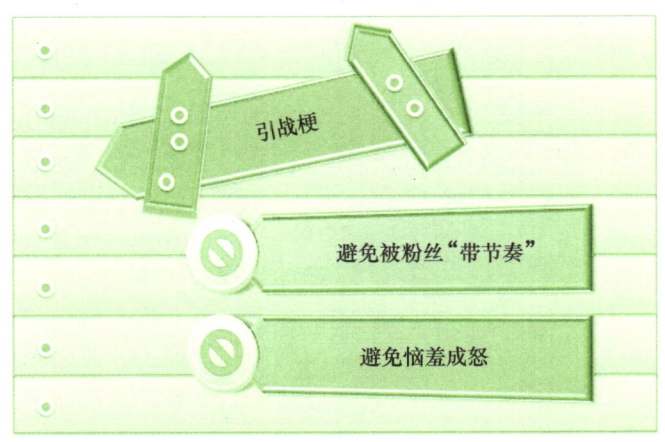

图3-9 如何应对"引战"言论

23 一个问题就把话题引到主题上

口才好的人,不仅善于表达观点,也善于提出问题。卖货主播既要善于提出问题,也要善于通过提出问题,将话题引到本场直播的主题上(见图3-10)。

图3-10 表达观点,提出问题

某主播在做一场直播时无意聊到了音乐方面的话题,有粉丝要求他给大家唱一首歌。一开始,他拒绝了,因为他担心唱歌会带偏话题。但是,粉丝一再请求,主播灵机一动,给大家唱了一首《青苹果乐园》。唱完之后,他向所有人提出一个问题:"大家来说说,为什么要用青苹果来代表年轻人的爱情呢?"粉丝七嘴八舌地讨论起来。

主播说:"因为青苹果的味道很酸涩,那就是初恋的味道啊!"

接着,他又问:"你们知道为什么青苹果是酸的,而红苹果是甜的吗?"众人不解。

主播说:"因为青苹果里面果酸的含量非常高。而且,我跟你们讲,这个果酸可以美白养颜,女生吃了大有好处!恰好,我今天给大家带来的产品就是正宗的烟台青苹果……"

粉丝们纷纷说:"主播套路深,骗我买苹果,好吧,买买买!"

特定的问题可以把粉丝的思路引到特定的方向上。别人提出一个问题,我们的大脑就会不自觉地进行思考。思考中的人注意力比较集中,好奇心比较强烈,主播此时进行巧妙的引导,就能让粉丝顺着问题进入主播设计好的话题。

 实战演练

范例1

为了引出我们想要推介的农产品,我们可以向粉丝提问:"你们在最饿的时候会想起哪些食物?"这个提问可以勾起粉丝的食欲,有利于后面的销售。

范例2

当推介的农产品是特殊品种时,我们可以问粉丝:"关于××果,你们知道它有多少品种吗?"互动结束之后,我们可以说:"我今天带来的这个××果,刚才没有人提到过。它是一个特别的品种,有着特殊的味道。"此时,话题已经自然而然地转到了正题上。

 技巧点拨

技巧1:提出发散性问题

所谓发散性问题,就是粉丝需要思考一番才能得出结论,而且不同粉丝可以得出不同答案的问题。对主播来说,一个好的问题往往是能让粉丝进行发散思考的问题。举个例子,"1加1等于几"这个问题就不具备发散性,"1加1在什么时候不等于2"就是一个发散性较强的问题。

技巧2：提出引导性问题

你提出的问题，"谜面"可以与主播主题没有什么关系，但"谜底"一定要和直播主题联系起来，这样才能通过问题把话题引向主题。

对主播来说，一个好的问题就是同时具备发散性和引导性的问题（见图3-11）。

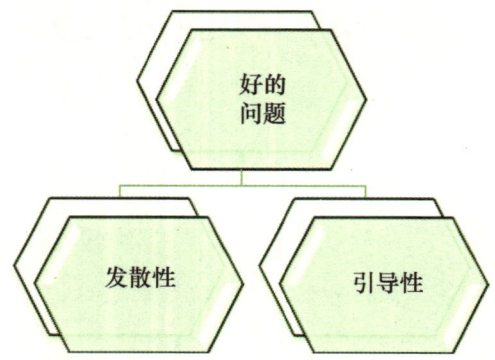

图3-11　好的问题具备的两个特点

第三节 关注热点,让热点帮自己销售

24 靠着《舌尖上的中国》,他卖出了海量松茸

在直播的过程中适当融入热点话题,不仅能够激发粉丝的互动积极性,还能让粉丝对产品产生更大的兴趣,进而带来更好的销售业绩(见图3-12)。

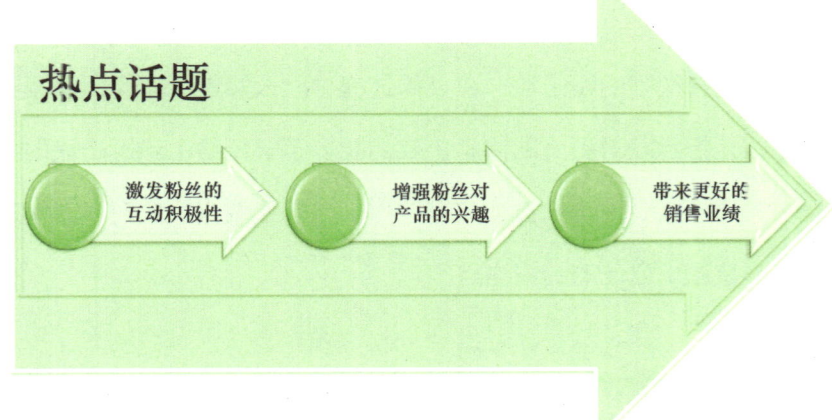

图3-12 热点话题的作用

几年前,一部纪录片《舌尖上的中国》火了。某主播在直播中说:"大家看《舌尖上的中国》了吗?里面有一集专门讲了松茸的故事。"

我看过之后，觉得松茸太诱人了，所以就去尝了一下。不尝不知道，一尝吓一跳，真的鲜美，不能用语言描述的鲜美！为了让大家体验一下这种美味，我找了一些渠道，可以给大家发一些货。松茸本来产量就不高，数量有限，先到先得啊！"

在接下来的几个月，该主播的松茸卖得异常火爆，"产量不高"的松茸为他带来了可观的销售额。

直播具有很强的娱乐性，在直播过程中融入热点话题可以增强这一特性，让粉丝获得更好的体验。我们要多了解网络上最近一段时间大家在关注什么、议论什么，只有这样，我们在做直播的时候才能利用热点制造属于自己的销售热点。

范例1

用热点话题引出产品时，我们可以这样说："现在有个词火了，叫'杠精'，说的就是那些特别喜欢抬杠的人。你们知道哪一种农产品最像杠精吗？没错，就是我今天给大家带来的铁棍山药！它外形像极了成精的'杠子'，营养却很丰富。"

> **范例2**
>
> 用热点话题引出产品时，我们可以这样说："现在网友们把那些吃不到葡萄就说葡萄酸的人叫'柠檬精'，可是，不管那些'柠檬精'酸得有多厉害，都不如我今天给大家带来的这个'柠檬之王'酸。不信你们可以买一点尝尝，它比醋还要酸上好几倍，一般人真的受不了！"

技巧1：关注"时尚"农产品

有些农产品会因为某些特殊原因突然火起来。例如，纪录片《舌尖上的中国》带火了松茸、跳跳鱼等；纪录片《人生一串》带火了各种烧烤食材……我们一定要关注与热门农产品相关的各种话题，这样才能选出畅销的产品。

技巧2：找准销售时机

同样的农产品放在不同时间段去卖，也会有不同的效果。例如，在感冒多发季节卖可以提升人体免疫力的农产品，销量当然比其他时候高；在夏天卖可以解暑的农产品，销量当然比冬天高。所以，我们不仅要找准产品，也要找准销售时机。

25　蹭热点要注意避"坑"

关注热点、运用热点是主播的必修课，不过我们要注意甄别，有些热点是有"坑"的。如果不注意,不小心掉进热点的"坑"里,就得不偿失了。

某主播在卖水产品的时候说:"现在网上有人曝光,很多人为了让水产品长得快,使用了很多激素。不过,你们也看到了,我们的产品是没有使用激素的。"

过了几天,后续报道证实"水产品使用激素"的新闻是不折不扣的谣言。于是,有人跑到主播的直播间,指责他散布虚假消息,靠着诋毁同行推销自己的产品。

主播辩解道:"那是网上的人说的,大家都这么说,谁知道是假的啊?"

有一位粉丝质问他:"别人不懂,所以才信口开河,你一个专业卖水产品的,居然也不懂?我们对你的专业程度产生了怀疑。"

主播有口难辩。

很多热点话题其实争议性也很大。话题刚出现的时候,争议双方往往势均力敌,谁也说服不了谁。但随着讨论的深入,一方会败下阵来,另一方则会取得优势。如果在大家还没有形成共识的时候就草率地发表自己的意见，我们很可能会站到"失败者"的队伍中，这时我们说过的话就会变成别人攻击我们的武器。因此，主播在选择热点话题的时候千万要记住：争议性很强、暂时没有定论的话题要远离（见图3-13）。

图3-13　热点往往伴随着争议

实战演练

范例1

当粉丝在讨论一个具有争议性的热点话题时，我们可以这样说："目前大家热议的这个话题，如果让我发表意见，我还真没有什么成熟的意见。因为现在事情还很不明朗，到底谁是谁非，谁在讲真话，谁在说谎话，局外人怎么可能知道？不妨让子弹再飞一会儿。"

范例2

我们还可以这样说："你们让我谈一谈昨天发生的事情，但我知道，其实你们在心中已经有了自己的答案。每个人看待问题的角

> 度不一样，大家可以做到和而不同。来到我的直播间，大家都是为了追求欢乐、寻找美味。请把我的直播间当成远离俗世的避风港，外面那些云里雾里的事情，我们暂且不去理会它。"

技巧1：远离容易引发争议的话题

远离争议性话题的前提是我们能够识别争议性话题。一般来讲，争议性话题有两个明显的特点：一是消息源无法确定，二是参与话题讨论的人有"拉帮结派"的趋势。争议性话题的消息源往往很不确定，根本无法找到源头。争议性话题还特别容易造成观点的对立，两帮人或者几帮人为了一个话题吵得不可开交，谁也不能说服谁，讨论到最后已经不是在讨论问题本身了，往往是在进行人身攻击。

技巧2：注意明显的常识性错误

话题内容带有很明显的常识性错误，但仍有人信誓旦旦、言之凿凿地"带节奏"时，我们一定要避开这类话题。例如，网上曾经有人说某地区污染严重，当地出产的苹果甚至变成了黑色。当时有很多人抨击当地的环境保护工作做得不到位。但是，略有常识的人都知道，这个地区是当地环境最好的城市，而且网上流传的所谓"黑苹果"的照片里面根本就不是苹果，而是李子，李子的颜色当然是黑的。对于这类有明显常识性错误的话题，我们要注意甄别，不要跟着其他人一起"带节奏",因为最后话题的风向一定会转变。

总之,蹭热点也要讲原则,远离争议和常识性错误是最基本的两条原则(见图3-14)。

图3-14 远离争议和常识性错误

第四章

深挖需求，进行完美的推介

第一节　你了解谁的需求，才能把产品卖给谁

26　"儿童水果"给主播带来的启示

只有了解对方，你才能把话说到对方心坎上，让对方信任你，心甘情愿地购买你的产品。说到底，我们了解谁的需求，才能把产品卖给谁。

从另一个角度来看，只有你愿意努力地了解粉丝的更多需求，才会有更多的粉丝愿意了解你这个人，了解你的产品。

某主播是一个两岁孩子的妈妈。有了孩子之后，她就辞去了工作，在家带孩子的同时开始做农产品主播，主要销售"儿童水果"（见图4-1）。

在直播中，她会这样说："我的宝宝一天天长大，小牙齿也长出来了，可以吃一些水果了。但大家都知道，有些水果适合宝宝吃，有些水果不太适合宝宝吃。例如，杏子虽然很好吃，营养也很丰富，但是给宝宝吃的话，杏核容易造成危险，而且杏子太酸，容易伤到宝宝的牙齿，所以不适合宝宝吃。什么水果适合宝宝吃呢？那就不得不说说我今天给大家带来的这一款……"

图4-1 儿童水果

向粉丝推介产品时,我们要站在他们的角度思考他们的需求。你越能走进粉丝的内心,说出来的话越容易被粉丝接受。如果我们在直播中仅仅是自说自话,粉丝觉得你说的话和他们没有多大关系,不管你推介的产品有多好,粉丝也不会轻易购买。

范例1

我们可以这样说:"我知道,大家家里都有老人,咱们中国人又特别重视孝道,总希望给老人吃一些好的,把他们的身体调养得健健康康的。所以,我今天给大家带来一款特别适合老人吃的食物。"

> **范例2**
>
> 我们可以这样说:"不知道大家有没有这样的体验——每天总是睡不好,精神特别差,人也特别懒。其实,大家有没有想过,可能不是我们懒,而是我们的身体缺乏某种物质,让我们变懒了。今天我给大家带来了一款产品,它可以从根本上解决这个问题。"

技巧1:提出一个明确的卖点

主播要为自己的产品提出一个明确的卖点,这个卖点将成为这个产品的标签。提出卖点是为了和目标客户进行精准对接。例如,月子鸡对接坐月子的女性,"儿童水果"对接刚刚开始吃水果的儿童。

技巧2:和目标客户站在同一个阵营

主播一定要和目标客户站在一个阵营(见图4-2)。我们在和粉丝交流的过程中,要着力挖掘职业、学业和地缘关系,寻找共同的兴趣、志向和利益。同时,我们还应该在沟通中强调双方观点的一致性。只要"自己人效应"发挥作用,你和目标客户自然就站在了同一个阵营。

图4-2　与目标客户站在同一个阵营

27　积极互动，分析粉丝的真正需求

如何才能真正了解粉丝的需求？作为主播，我们能够利用的最有效的手段就是互动。与粉丝互动的时候，我们说的每一句话，都要为挖掘粉丝的需求而服务。

某主播在互动的时候，经常会说下面这些话。

"我最喜欢吃的大米饭是那种颗粒分明、一粒一粒的，你们是这样吗？"

"大家平时在做米饭的时候，会不会买一些泰国香米掺到里面？

你们喜欢那个味道吗?"

"有谁吃过猫王山榴梿?你们觉得猫王山榴梿和普通榴梿相比,性价比足够高吗?"

通过这样的互动,主播掌握了粉丝的需求,在推介农产品的时候更加有的放矢。

 解析

好的主播不会盲目地与粉丝互动。他们在与粉丝互动时,一方面会通过语言烘托直播间的气氛;另一方面也会通过一些诱导式语言发现粉丝的真实需求(见图4-3)。我们在直播过程中说的每一句话都应该服务于直播的目的——卖货,直播卖货是我们的工作,而不是我们的休闲方式。

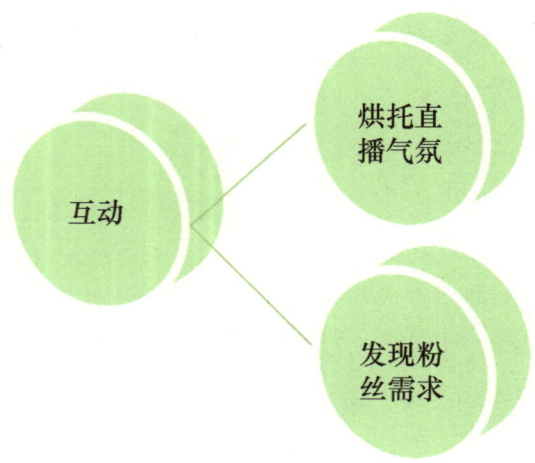

图4-3 与粉丝互动的目的

实战演练

范例1

我们可以这样说:"我是一个特别喜欢孩子的人,我想知道现在直播间里面有多少人已经有了自己的宝宝,让我们来数一数,并给他们的家庭送上祝福。"

范例2

我们可以这样说:"现在,我们一起做一个小游戏,把你们心中想到的第一种水果发出来,看看哪种水果是大家心里头最挂念的!"

技巧点拨

技巧1:了解粉丝的身份特征

不同身份的人喜欢的农产品也不一样。孕妇、儿童、老人、学生需要的农产品各有不同。我们一定通过诱导式语言,弄明白粉丝群体中哪种人是多数,哪种人是少数,哪些人的支付能力更强,哪些人的支付能力一般。

技巧2:了解粉丝喜欢什么样的农产品

要想了解粉丝喜欢什么样的农产品,就要学会使用诱寻式提问。如果直接问"你们喜欢什么东西",我们得到的答案一定是泛泛的、不精确的。就算粉丝真的能够精确地说出自己的需求,你就一定能满足吗?恐怕不能。所以,我们在提问的时候,可以这样说:"A、B和C,你们更喜欢哪个?""A和B,你们觉得哪种味道更好?"这就是诱导式提问,这样提问不仅可以了解粉丝的需求,也能将他们的需求限定在我们能够满足的范围之内。

第二节 你的产品一定要满足粉丝的痛点需求

28 无论卖什么,都要戳中粉丝的痛点

在直播卖货的过程中,有两种语言最能打动粉丝:一种是可以满足他们需求的语言,另一种是可以解决粉丝问题的语言(见图4-4)。如何才能解决粉丝的问题呢?首先要了解他们的痛点需求。

图4-4 能够打动粉丝的两种语言

某主播发现,自己直播间里的大多数粉丝是学生。于是,他选择蓝莓作为自己的主推产品。在某场直播中,他是这样说的:"现在学生用眼过度是一个大问题,近视还是小事,大家有没有发现,有时候我们的眼睛特别胀,还连带着头疼,别说学习了,打个游戏都提不起精神来。怎么办?其实,我们可以多吃一些蓝莓,尤其是我们的'蓝莓一号',因为它富含花青素。花青素有什么用呢?它可以非常有效

地缓解眼部疲劳。不信大家可以买一点尝尝，不用太长时间，一个星期之后，你就会感觉自己的眼睛没那么难受了。"

所谓痛点，就是粉丝遇到的难题。主播如果指出自己推介的农产品可以解决粉丝在某些方面遇到的难题，一定会引起粉丝的重视，农产品也就更好卖了。

为了更好地戳中粉丝的痛点，主播的语言可以适当犀利一点（见图4-5），通过比较直接的语言指出大部分粉丝（而非具体的某位粉丝）的某些问题，并给出解决方法，这样粉丝就会觉得主播推介的农产品很有用。

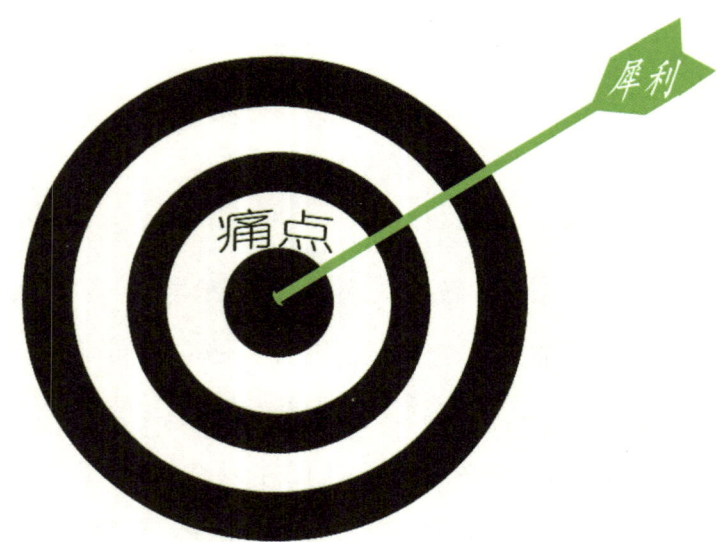

图4-5 语言犀利，更易戳中粉丝的痛点

实战演练

范例1

在推介人参花时,我们可以这样说:"我知道现在很多人都处于亚健康状态。啥叫亚健康?依我看就是,老感觉自己身上不得劲儿,但是去医院查又查不出什么毛病。这时候该咋办呢?其实,可以尝试一下我们的人参花。人们都知道人参好,但其实对没有病的人来讲,人参花更好,它没有人参药性那么大,可以作为食疗的食材时不时吃一点。"

范例2

在推介黑豆时,我们可以这样说:"咱们现在看屏幕的时间太长了,要么看计算机的屏幕,要么看手机屏幕,颈椎很容易出问题。其实,大家真的应该多吃一点我们的这个黑豆。黑豆的钙含量不比一般的肉蛋奶差,而且吃了还不用担心长胖。"

技巧点拨

技巧1:先了解农产品的特点,然后找到粉丝的痛点

我们应该了解我们的农产品具备什么样的功效,其中哪些功效是粉丝需要的。只有了解这方面的信息,我们介绍的时候才能说到点子上。例如,虫草花的功效有很多种,包括润肺、提高免疫力、消除炎症等。我们没有必要把这些功效一股脑都说出来,而要想一想粉丝需

要什么。假设最近雾霾比较厉害,我们就要强调它润肺的功效。

技巧2:要找大多数人而非个别人的痛点

我们在找痛点的时候,要找大多数人而非个别人的痛点。如果你对着某位具体的粉丝说"你可能处于亚健康状态,你最好买点我的产品",那么对方是很难接受的。你应该针对大多数粉丝,指出一个大家普遍存在的痛点,常见的说法有"现在的人如何如何""随着生活的改变,我们如何如何""随着科技发展,我们如何如何"等,这样粉丝就不会感到自己被针对,也更容易接受你的观点。

29 "这是××的特产!"——满足特产需求

在网上购买农产品的大部分粉丝其实有一个相同的需求——特产需求。名、特、优农产品是经常观看农产品直播的粉丝的心头好(见图4-6)。他们希望在亲耳听到、亲眼看到之后,购买到货真价实的特产。他们通过直播间购买相关的农产品,图的就是一个放心。主播要揣摩他们的心理需求,做有针对性的推介。

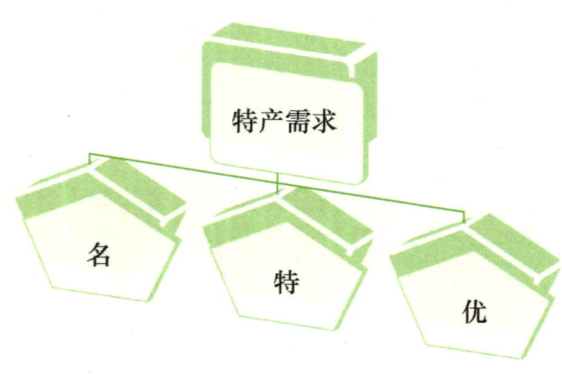

图4-6 粉丝的特产需求

第四章 深挖需求，进行完美的推介

案例回放

某主播专门销售大凉山特产，他是这么说的："我们大凉山很出名，以前是因为太穷了，但现在是因为大家都知道我们这里有许多其他地方没有的特产。比如，我们的黑苦荞茶，品质相当好；我们的乌洋芋，全国你恐怕找不出第二家；还有我们的手撕牛肉、冕宁火腿……大凉山的好东西多得我也说不完。不信的话，大家可以来尝尝，我请你们。如果实在来不了，也可以在我的直播间购买一些，亲自验证一下。如果你觉得不好吃，你就来我的直播间现身说法，我们大凉山人说一是一、说二是二，绝不信口开河！"

解析

特产一般都经过长时间的宣传和推广，在群众中有比较高的知名度，所以我们在推介这类产品时，不用过多地介绍其基本信息。

特产的优点一般比较突出，而且人尽皆知。例如，延津的胡萝卜特别脆，钦州的小米特别油。但是，在直播的过程中，我们还是要通过语言或者行动把这些优点展示出来。

通过直播购买特产的粉丝常常会问"你的东西是正宗的吗"，为了打消粉丝的疑虑，我们要想尽办法贴近原产地，最好亲自去一趟。如果不能，就要强调产品来源十分可靠，以此打消粉丝的疑虑。

 实战演练

范例1

在推介新疆特产天山雪莲时,我们可以这样说:"说起新疆特产,你可能会首先想到葡萄和哈密瓜。不过,葡萄在全国各地都有,哈密瓜在西北地区也不少见,算不上稀罕。真正的新疆特产应该就是我们今天给大家带来的这款天山雪莲,在别的地方你不可能找到天山雪莲。很多人都听说过天山雪莲,不少武侠小说把它描述成一种可以起死回生的神药。虽然在现实中它没有那么神奇的效果,但它对身体确实有很大的好处。欢迎大家购买我们的天山雪莲!"

范例2

在推介东北黑木耳时,我们可以这样说:"全国各地都有木耳,为什么东北黑木耳特别有名?因为除了东北,其他地方很少有这么大面积的森林,而黑木耳就在东北的森林里自由生长。所以,我们东北的黑木耳,品质好不说,价格还不贵。大部分特产以珍稀、金贵出名,而我们东北的黑木耳是因为亲民才出名的。"

 技巧点拨

技巧1:强调品质

很多特产之所以受欢迎,不是因为它的数量少,而是因为它的品质出众。所以,我们一定要把品质方面的优势讲清楚。

技巧2:强调价格

很多粉丝一听是特产,心里就对农产品的价格有了一些怀疑。因

此，我们在介绍价格的时候，一定要把价格的合理性讲清楚。价格贵是为什么？价格便宜是为什么？如果不把这一点讲清楚，粉丝就不会积极地购买。

技巧 3：一定要把相关禁忌说清楚

有些特产比较少见，食用时可能会有一些禁忌。我们要把相关的禁忌都讲明白，一来可以帮助粉丝更加安全地食用农产品，二来可以增加农产品的神秘性，突出特产"特"在哪里。

30 "我们的包装很精致！"——满足精致化需求

谁说农产品就要"土"？谁说农产品就要用粗糙的包装？

只要我们能够用自己的语言，生动地描述某些农产品"高大上"的特质，一样可以满足消费者的精致化需求。

其主播在推销五常大米时这样说："五常大米好，全国人民都知道。但大家可能不知道另外一件事情，五常每年只能生产 60 多万吨大米，但市场上卖出的五常大米却有上千万吨。也就是说，大部分五常大米其实是假的。为了保证我们卖的五常大米是正品，我们采用了特殊包装。这个包装上有一个密码锁，密码锁的密码是什么？谁也不知道。怎么才能打开这把锁呢？你买到我们的产品之后，按照包装上的提示，拨打一个专门的电话，然后再输入包装上隐藏的保密数列，这时电话那头的客服才会把密码告诉你。这个锁只能用一次，也就是说，它可以保证你是第一个打开包装的人，不存在别人盗用我们的包装、在里面放上假米卖给你的问题。"

随着生活水平的提升，人们对农产品包装的要求越来越高。现在，很多人过年过节送礼时不送烟、不送酒，改送优质农产品了。这就意味着，农产品的包装也应该适当升级。

光是包装升级还不够，我们主播介绍优质农产品时采用的话术也要升级。大部分农产品都比较"土"，我们推介时使用的语言也应该质朴一些、"土"一些。但是，推介高档农产品或者节日期间的农产品礼盒时，我们就一定要改头换面，使用更适合高档农产品的介绍语。

范例1

在推介农产品大礼包时，我们可以这样说："春节期间，我们推出了一个十全十美大礼包，里面包含10种水果，而且全部采用木盒包装，送人也一点不跌份儿。"

> **范例2**
>
> 在推介优质草莓时，我们可以这样说："我们的这款草莓，除了品质好，还采用了特殊的包装方式。在包装盒里，每颗草莓都有独立的空间，避免它们因相互碰触而损坏。而且，每个草莓还用泡沫网罩了起来，这样在运输途中草莓就不会被碰坏了。只有高品质的草莓才配得上这么好的包装，欢迎大家购买！"

技巧点拨

技巧1：强调包装是为产品服务的

我们一定要强调，包装是为农产品服务的，采用特殊包装是为了保护农产品或者增强其功效。如果一味强调包装如何精美、如何昂贵，粉丝就会觉得自己花了冤枉钱。

技巧2：说明包装精美的合理性

我们要指出包装可以扩展农产品的使用场景，走亲访友时赠送优质、绿色的农产品就等于送健康。这样说可以赋予精美包装更多的合理性。

第三节 猎奇营销，勾起粉丝的尝试欲望

31 推销灭霸水果的主播火了

世界上有不少"奇怪"的农产品，见过、吃过的人比较少，因此销售难度也比较高。主播如果能够把这些农产品的特点用粉丝喜闻乐见的方式讲出来，就能极大地刺激粉丝的好奇心，进而降低销售难度。

某主播在直播中推介了一款非常少见的水果："最近你们看电影《复仇者联盟3》了没有？里面的大反派灭霸生活在一个不知名的星球，天天吃一种奇怪的果子。那个果子看起来就像特大号的粉色人参一样，很稀奇吧！如果我说，这种果子我们地球上也有，你们信不信？其实它就是火参果，又叫奇瓦诺果、非洲蜜瓜，肉质细腻、多籽，像黄瓜一样呈凝胶状，口味清甜。这种很少见的水果生长在非洲，它的根系能够达到地下含水层，所以它曾是当地人维生素和水的重要来源。说了这么多，大家一定对这种水果充满好奇，如果想吃的话，现在就下单吧！灭霸水果，数量不多，先到先得！"

这位主播不仅卖出了很多水果，还因为灭霸水果在网上小小地火了一把！

销售一些比较少见的农产品,不仅可以在短时间内提升销售量,还可以给主播带来更高的关注度,一箭双雕。在推介这类农产品时,我们一定要在叙述中加入一些特别的元素,如传说、与热门影视作品的关联甚至粉丝熟悉的某些亚文化等,这样才能突出"猎奇"的效果,促进销售。

范例1

在推介北京大兴突围桃时,我们可以这样说:"今天我给大家带来的产品是北京大兴的突围桃。为什么叫它突围桃呢?因为这种桃树所有的枝干都是向上生长的,每个桃子在生长过程中都能见到阳光。而且,这种桃子有一个最大的特点,那就是采下来之后,七天都不会腐烂,其他桃子都烂掉了,它却依然香味十足,是不是很神奇?"

范例2

在推介雪莲果时,我们可以这样说:"大多数水果都生长在阳光下,但有一种水果却非常特殊,它和土豆、红薯一样,生长在地下,它就是雪莲果。雪莲果的老家在安第斯山脉,最近几年才被引进国内。它外表粗犷,洗净削皮后,你会发现,棕红色表皮下的果肉就像璞玉般晶莹剔透,吃起来也有一种独特的口感,清香爽口,很像雪梨。想要品尝的粉丝请抓紧下单吧!"

技巧1：将农产品与历史故事联系起来

不少农产品和历史故事或历史人物有关联，例如，我们都很熟悉的望梅止渴的故事与曹操有关。如果我们能把这些故事讲给粉丝，就能增加他们对农产品的兴趣和购买欲望。

技巧2：描述农产品的独特性状

火参果、雪莲果这类比较少见的水果和一般的水果有很大的不同，我们要花较多的时间介绍其独特性状，让粉丝认识到购买、品尝这些农产品可以获得独特的体验。

32 打造非一般的话题，让一般农产品变得不一般

不一样的话题能让一般的农产品也变得不一般。

善于说话的人会给自己"吹捧"的对象设计不一般的场景。背后的道理是，就算是一些很平常的事物，只要把它们放到一个不一般的场景或者话题中，它们也会显得格外出众。例如，武侠小说经常会这样写，主角没有练成绝世武功以前身边已是高手云集，即便主角还未展现过人的本领，读者也会在心里认定，他将来一定会成为了不起的人。

主播在推介农产品时，也要学会这种方法，让一般的农产品变得不一般。

案例回放

某主播在推介丑橘时这样说:"有人评选出了世界上十种最好吃的水果,分别是红毛丹、嘉宝果、阿奇果、非洲角黄瓜、榴梿、山竹果、神秘果、古布阿苏、香瓜梨和丑橘。前面几种水果大家可能没吃过,有的甚至都没见过、没听说过,但最后这个丑橘,不瞒各位,我这里有货源,大家想吃多少都有。你们也别觉得丑橘不起眼,实际上,它虽然看起丑,却是葡萄柚和红橘的杂交品种,集中了这两种水果的优点,还没有它们的缺点。所以,把它放到十大好吃的水果里面,我认为是非常正确的。"

解 析

要想让一般的农产品变得不一般,我们一定要把它们放到更高的平台上、更大的背景中。案例中的主播就采用了这种方法,他通过一个水果的排行榜,把丑橘和其他一些非常罕见的水果相提并论,提高了它的"身价"。

范例1

在推介藜麦时,我们可以这样说:"你们别看这个藜麦小小的,一颗一颗的，跟草籽一样，吃起来口感也不是特别好，但早在20多年前，它就被美国宇航局选为太空移民的推荐食物。为什么它可以成为太空移民的推荐食物？因为人体所需的几乎全部营养元素，藜麦中都有。假如我们有一天要移民太空，不需要带各种各样的种子，只需要带藜麦一种，就可以保障营养摄入。"

范例2

在推介玉米时，我们可以这样说："现在人们都把玉米当成零食吃，很少有人把它当成主食。实际上，玉米是第一黄金主食，因为它适合各年龄段的人群食用，给孩子吃能够促进大脑发育，给白领吃能够减压……总而言之，如果你不知道吃什么主食有利于身体健康，就吃玉米吧，准没错！"

技巧1：引用权威人士和权威机构的信息

我们可以引用一些权威人士和权威机构的信息，以此增加说服力。例如，我们在介绍眉县猕猴桃的时候，可以这样说："眉县是猕猴桃的故乡，1978年农业部组织全国猕猴桃资源普查，在眉县境内秦岭北麓浅山区发现了大范围野生猕猴桃资源，其中有美味猕猴桃、软枣猕猴桃、葛枣猕猴桃等，有力地证明了眉县是猕猴桃生长的最佳适宜区，是我国美味猕猴桃原产地。"

技巧 2：加入粉丝认为很奇特的元素

如果我们在介绍农产品时，提及"航天局""太空移灵"等话题，就会让我们的描述看起来充满奇特的元素，农产品也会显得不一般（见图 4-7）。

图 4-7 打造"不一般"的农产品

33 故意渲染"超级难吃"，勾起粉丝的好奇心

兵无常势，水无常形。说话之道，如同用兵打仗。

我们在推介农产品时，在百分之九十九的情况下，都要夸赞其美味。但是，对于某些特殊的农产品，我们反而要突出它难吃、难闻，以此勾起粉丝的好奇心，提升销量。

某主播在介绍鲱鱼罐头时，是这样说的："你们知道吗？这个东西可能是世界上最难吃的东西，我虽然有很多这个罐头，但是买了两个月了，都没有勇气打开尝一尝。昨天，我觉得自己准备好了，是时候迎接鲱鱼罐头的挑战了。你敢相信吗，在打开罐头的一刹那，我差点当场就吐了。那种味道怎么形容呢？感觉混合了死老鼠味和鱼的腥味!而且,罐头里的鱼还是生的!生鱼泡在黄色的汁水中,你们闭上眼睛,想象一下就可以了。是不是想要吐了?但是最可怕的事情还没发生呢!我夹了一块,放到嘴里,你们猜什么感觉?像是一个臭鸭蛋被腌成了咸鸭蛋。我吃了两口,心理防线就被攻破了。总之,我失败了。如果哪位勇士想要挑战一下,请联系我。我买了很多,现在不知道应该怎么办。我怕有一天这些罐头在我家里裂开了,那时候我的家恐怕会变成无人区。"

人都有逆反心理,有时候你越不让别人做什么,他们越想做什么。主播在推介一些味道比较奇特的农产品时,可以抓住粉丝的这个心理,大说特说其"负面信息",反而会激发粉丝的好奇心和购买欲。

范例1

在推介毛豆腐时,我们可以这样说:"我们这里的毛豆腐,如果让你们看到制作过程,你们恐怕会受不了。豆腐上一天天长出白白的毛,就像影视作品里面的白毛僵尸一样。至于它的味道怎么样,嘿嘿,我不告诉你,你自己尝尝就知道了。"

> **范例2**
>
> 在推介臭豆腐时，我们可以这样说："我们长沙的臭豆腐，没有吃过的人，闻到它的味道会说'实在太臭了'，但是把它吃到嘴里，他们就会说'实在太好吃了'！"

技巧：渲染到极致

少数农产品的最大特色是难吃或者难闻，我们推介这类"猎奇"产品时，一定要充分渲染，让难吃或者难闻成为其不可被替代的特点。现场体验一番或者绘声绘色地描述之前体验时的"惨痛经历"都是渲染其特色的有效手段。

第五章

好口才，凸显农产品关键卖点

第一节 突出产地信息，成倍放大这一卖点

34 彩云之南的优质农产品推荐

农产品和其他产品有一个非常明显的差别——粉丝在选购其他产品的时候，往往都非常重视产品的品牌，而不太重视产品的产地（见图5-1）。例如，相同品牌的化妆品，有可能是不同地方生产的，但在粉丝的眼里，它们没什么不同。不过，农产品就不一样了。同样都是苹果，有人喜欢云南昭通苹果，有人喜欢山东烟台苹果，还有人喜欢东北寒富苹果。对于一些不知名产地的苹果，大家可能就不那么认可了。

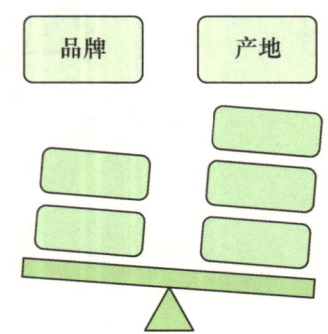

图5-1 农产品选购，产地很重要

因此，农产品主播一定要渲染产地优势，详细介绍产地信息，让你推荐的农产品赢得粉丝的心。

很多优秀的农产品主播来自云南，他们在介绍农产品的时候会这

样说：

"云南的意思是彩云之南，这里山清水秀，生产的农产品绿色健康、自然美味。"

"我们云南是国内动植物种类最多的省份之一，在我们这里，你要啥都有！"

"旅游一定要来云南，吃农产品也一定要吃云南生产的，为啥？没别的，就是图个纯天然、无污染！"

主播要详细阐述产地的独特优势，引起粉丝们的好奇心。例如，恩施作为湖北的一个小城市，知名度比较低，但是它拥有国内最大的硒矿矿藏，所以我们可以强调恩施是硒都，当地农产品大多属于富硒农产品，有利于身体健康。再如，寿光虽然是个小地方，但它是全国知名的大葱之乡，我们可以抓住这个特点来宣传当地大葱的过硬品质。

范例1

在推介昭通苹果时，我们可以这样说："我这个苹果来自昭通，昭通丑苹果天下闻名，就像我一样，人丑心灵美，遇见不后悔！"

> **范例2**
>
> 在推介婺源菜籽油时,我们可以这样说:"我们的菜籽油来自江西婺源县,这里是全国油菜花之乡,也是传统菜籽油制造工艺的发源地。我们江西菜的灵魂就是菜籽油,所以江西菜籽油就没有品质孬的,坏油根本卖不出去!"

技巧1:介绍产地的环境优势

自然环境对农产品的品质有着决定性的影响,无论我们卖的是哪种农产品,在介绍产地的时候都不要忘记强调其环境优势,给粉丝留下"纯天然""绿色健康"的印象。

技巧2:强调产地的独一性

大部分知名农产品的产地都有其他产地无法替代的独特优势。例如,五常大米为什么好?因为五常的温度低,但地下温度却比较高,更有利于大米支链淀粉的生成。我们在介绍来自知名产地的农产品的时候,一定要强调产地的独一性。

35 边走边说,带粉丝到产地去看看

有时候,与其干巴巴地讲,还不如边走边说,带着粉丝去产地看

一看。讲话的效果不仅取决于你讲的内容,也取决于你所处的气氛、环境。优美的环境不仅能激发我们的表达欲,也能向粉丝传达丰富的潜在信息,发挥此时无声胜有声的作用。

某主播在卖货的时候,往往不是坐在镜头前喋喋不休,而是拿着手机到处走,带领粉丝领略当地风光的同时就顺便将自己的农产品卖了出去。

来到竹林,他会一边寻找竹笋,一边对粉丝说:"我们这里有万亩竹林,它就是我们发家致富的聚宝盆。这个季节的竹笋是最好的。我一天可以采很多竹笋,我的乡亲们采得更多。大家有想要的,可以联系我,或者直接下单。"

来到茶园,他会说:"你们看看这个茶叶,刚刚抽出嫩芽来,再过半个月就到了采摘的时候,一直采到清明节。这时候采下来的茶叶是一年中最好的,懂行的人都知道,这叫明前茶。半个月之后,我为大家直播采茶。有需要的话,现在就可以预定。明前茶很抢手,提前定有货;等到采茶的时候再订,恐怕就没了。"

农产品直播和其他直播有所不同,更需要给粉丝身临其境之感。

所以，我们一定要想办法走出去，还要在行走的过程中用生动的语言介绍产地的环境优势、人文历史。

范例1

我们可以在产地边走边说："我们的产品品质怎么样，其实不用我多说，你们都亲眼见过了，庄稼地就跟花园似的，灌水渠就跟小溪似的，这样的地方产出来的东西，能不好吗？"

范例2

我们可以带粉丝查看生产基地、周边的情况，边走边说："我们这里山清水秀、鸟语花香。你看，野外还有各种昆虫。我看网上说，好多地方由于农药用得太多，田地周围的昆虫都消失了。我们这里没有这种情况，各种虫子多得很。"

技巧1：善用镜头语言

对主播来讲，镜头语言也是表达内容的一部分。在野外的时候，一定要保证镜头稳定，不然晃动的镜头容易让粉丝看着头晕。

技巧2：平常多积累关于自然风光的修辞词汇

描述环境时，其实有很多现成的优美词汇。例如，形容山可以用重峦叠翠，形容水可以用波光粼粼，形容树可以用郁郁葱葱，形容竹子可以用翠竹万竿，等等。这些语言可以很直观、生动地反映产地环境，让粉丝感同身受。我们平时要注意相关词汇的积累。

36　放大产地优势，才能让粉丝看到差异

为了放大产地优势，我们在介绍农产品的时候，要全方位、多角度地阐述产地对农产品的影响。例如，葡萄需要大量水分滋养，但又不能沾到雨水，我们在介绍葡萄产地的时候，就可以这样说："这个地方很神奇，虽然降雨稀少，但是雪山顶的雪水融化之后，就会渗透到当地的土壤中，所以这里并不缺水，十分适合种植优质葡萄。"只有将产地优势和农产品优势充分结合起来，放大产地优势才是有意义的。

某主播在介绍百合产地时，说了这样一段话："如果说世界上只有一个地方适合种植百合，那一定是我们这里。虽然我们这里其他农产品的产量和质量都一般，但也不知道为什么，就是特别适合种植百合。只有百合能够成为我们这个地方的代名词。"

 解析

主播在介绍产地优势的时候要适当地放大（见图5-2），而不是夸大。例如，我们说"云南这个地方有全国最丰富的野生动植物资源，可以说是天然的优质农产品产区"，这就是放大；我们说某个产地有神奇的魔力，种植任何农产品都可以获得更高的品质，这就属于罔顾事实的夸大。主播的确要介绍产地优势，但不能将产地优势绝对化，否则会让粉丝觉得主播言过其实、过度宣传。

图5-2　放大产地优势

 实战演练

范例1

在介绍农产品的产地时，我们可以这样说："我们这里是×××之乡，要知道，'之乡'两个字可不是随便用的，也不能是自封的，必须得到社会大众的认可才行。"

> **范例2**
>
> 在介绍农产品的产地时,我们还可以这样说:"我们的产品生长在北纬30度线上,人们都说这是一条神奇的纬度线,许多不可思议的事情都发生在这条线上。还有人说,我们的产品具有神奇的魔力,人们吃了永远不会忘记。"

技巧1:介绍产区荣誉的内涵

许多优势产区会获得某些荣誉,如农业农村部认证的农产品地理标志等。如果主播只是把这些荣誉干巴巴地说出来,不加以解释,其实也发挥不了什么作用。因此,我们要用粉丝可以听懂的语言,把这些荣誉的内涵介绍出来,让粉丝明白获得这些荣誉是非常困难的。

技巧2:用故事、传说彰显产地的神秘感

很多地方都流传着关于当地农产品的故事、传说。例如,陕西某地的梨树传说是老子出函谷关时把手杖插在地下变成的。这些故事、传说在本地流传甚广,其他地方的人却没有听过说。我们平时要注意收集这些故事、传说,在直播的过程中适时讲出来,以此凸显产地的神秘感。

第二节 灵活渲染农产品的品类信息

37 树立专家形象，拥有专家口才

几乎所有品类的知名主播都有一个相同点，他们都在以自身的专业化程度来吸引粉丝，赢得粉丝的信任。要想干好主播这一行，就不能老是在自己的领域里面当个门外汉。

要想让粉丝信服，农产品主播一定要能讲出一些普通人不太了解的农产品知识。当你以"土专家"的身份出现在粉丝面前时，你说的话就有了更高的可信度（见图5-3）。

图5-3　主播要树立专家形象

 **案例回放**

某主播在推介脐橙的时候是这样说的:"世界上本来是没有脐橙的,100多年前,有人在南美洲的一家修道院里发现了一棵与众不同的橙子树。这棵橙子树上长了一些非常特别的橙子,在大橙子里还藏着一个小橙子,而且果实的中心还长着类似肚脐眼的东西。人们感到好奇,就尝了尝,发现这种橙子比一般的橙子好吃。于是,全世界都开始种植脐橙。这下你们知道了吧?其实全世界的脐橙都是同一棵橙子树的后代。至于这棵橙子树为什么和其他的橙子树不一样,谁也不知道答案。"

解 析

大家都知道一点农产品知识,但是大多数消费者只是略有了解,他们并没有深入探究农产品知识的意愿。作为农产品主播,我们只要肯在这个方面下功夫,就一定能在知识面上胜过我们的粉丝。如此一来,我们在介绍产品卖点的时候就会更加自信,在回答粉丝的问题时也能更加游刃有余。

 **实战演练**

范例1

普通农产品背后也有一些比较吸引人的知识。例如,在介绍水稻时，我们可以这样说："在某些地方，人们想出了在河里种植水稻的办法。他们把木头铺在河面上，就像地板一样，然后盖上土，就可以种植水稻了。"

范例2

对于一些特殊的农产品，我们要向粉丝介绍食用方法。例如，在推介牛油果时，我们可以这样说："很多粉丝觉得牛油果不好吃，我觉得可能是吃的方法不太对。我建议你们尝试一下用牛油果蘸酱油吃，这是一种来自日本的食用方法，这种方法可以提升牛油果的口感。"

技巧1：对粉丝形成知识上的优势

主播要想对粉丝形成知识上的优势，平时一定要多储备知识。在介绍农产品的时候，我们可以说："该产品的成分通过了国内权威检测机构的验证。"（事实上，大多数地方农业系统都会对本地特产进行成分检查，我们可以通过网络获得这方面的资料。）我们还可以说："这个品种是农业科学院蔬菜所最近研发出来的一个新品种。"类似的语言可以让粉丝觉得你对农产品的认识很深入。

技巧2：消除粉丝对农产品的偏见

有些粉丝对特定的农产品有偏见。例如，提到咸鸭蛋，有人就会认为蛋黄太红可能是因为用了苏丹红等添加剂。这时，我们要用比较专业的说法来证明自己的农产品没有问题。我们可以说:"我们这个蛋黄之所以颜色鲜艳,是因为里面的蛋黄素比较多,在盐分的作用下,蛋黄素变成了红色。"粉丝的偏见很多时候是因为获得了错误的信息而形成的,而化解偏见最有效的办法就是传递给他们可信的新知识,用新知识去覆盖错误认知。

38　推广一个新品种,就应抛出一个新噱头

新的农产品问世并且大规模推广开来,一定是因为它具备某些与老品种不同的特质。在宣传新品种的时候,我们可以把这些特质包装成新的噱头,让粉丝们对自己的农产品产生更多的好感。

某主播推荐了一个葡萄新品种,名字叫美人指。他说:"美人指,顾名思义,就是像美人的手指头一样修长、秀丽,和普通的圆形或椭圆形的葡萄不一样。美人指葡萄之所以好吃,不仅是因为它更甜,还因为它的皮很薄,可能是所有葡萄里皮最薄的了。不过,这也带来一个问题,那就是清洗的时候特别容易把皮洗烂。所以,我建议有耐心的粉丝来买这个葡萄,那些洗水果时随便一胡噜的粗心人最好不要买,吃起来比较麻烦。"

案例中的这位主播主动说美人指难洗,希望粗心的人不要买。实际上,粉丝会觉得自己粗心吗?他们会仅仅因为难洗就不买了吗?显然不会。相反,主播的话会勾起粉丝的好奇心,让他们对这款农产品产生更大的兴趣。这就是主播说话时抛出的一个噱头。

范例1

在推介玉米新品种时,我们可以这样说:"我们这个玉米有个别名,叫七彩玉米,也叫琉璃玉米。知道这种玉米给谁吃最好吗?给孩子吃最好。玉米营养丰富,但很多孩子不喜欢吃。你就拿我们的琉璃玉米给他吃,他一看这个玉米五颜六色的很好看,就爱吃了。我家孩子现在天天叫唤着要吃这个七彩玉米。"

范例2

在推介萝卜新品种时,我们可以这样说:"你们见过白萝卜,见过红萝卜,但见过外面白、里面红的萝卜吗?这种萝卜是'心里美'的新品种,谁吃谁知道,吃了心里就是美!"

技巧1：把握新品种的特点

对于农产品新品种，我们一定要把握它的特点。例如，有一些土豆新品种，其淀粉含量比老品种高出很多。我们在推介这种土豆的时候，可以不直接说新品种的淀粉含量高，而是说："这个新品种最大的特点就是'沙'，煮熟之后，你会发现里面非常非常松软。"把抽象的知识用粉丝可以理解、感兴趣的方式表述出来，同样可以制造一些噱头。

技巧2：说的话要让粉丝想不到

在介绍农产品的时候，我们要尽可能挖掘粉丝想不到的卖点，用这种方式来制造噱头。例如，在介绍某种苹果的时候，我们可以这样说："我们这种苹果很适合用来制作苹果派，因为它的纤维素含量低，做熟之后口感更好、更糯。"此时，"适合做苹果派的苹果"就成了噱头。普通消费者想不到这一点，所以这样的介绍对他们来说更有吸引力。

39 "老品种+新话术"，给卖点加入新意

主播要想办法为老品种开发一些新的话术。以花生为例，我们可以重点介绍脂肪含量。新品种的花生一般出油率高，所以脂肪含量也比较高；而老品种的花生脂肪含量相对较低。从前，脂肪含量低对花

生来讲是个缺点，但现在人们在特别注意控制脂肪的摄入，所以我们可以这样说："我们这个花生的脂肪含量很低，更有利于我们减少油脂的摄入，控制体重。"介绍老品种也要有与时俱进的思维，不能陷入传统的套路。

某主播进了一批非常普通的哈密瓜，他在直播中对粉丝说："我们以往都把哈密瓜当水果吃，这样虽然很好吃，不过还没有开发出哈密瓜的全部潜力。其实，哈密瓜可以作为一种食材，做成各种有趣的食物。比如，我们可以用哈密瓜做香酥水果杯，还可以做哈密瓜慕斯。哈密瓜的香味是很浓的，把它放到食物中，可以增加其他食材的香味，能给你的味蕾打开一扇新的大门。"

在推介老品种时，我们要把它放到当下的生活方式中。例如，黄瓜以前只是一种食品，但现在也可以成为护肤用品。我们可以告诉粉丝，老品种的黄瓜虽然果皮厚，口感不太好，但用来敷脸非常合适，因为它更坚韧、更容易被切成大面积的薄片。

所谓的"老品种＋新话术"，其实就是对老品种应用场景、特殊功效进行再次开发，然后将老品种和新的生活方式紧密结合起来，这也是主播需要掌握的一种技巧。

范例1

在推介苹果的时候，我们可以这样说："苹果是一种十分常见但也非常容易被我们忽视的好水果。苹果的营养价值自然不必多说，但是你们知道吗，吃苹果其实有减肥的作用。苹果中的糖分虽然较高，但它能够促进肠胃蠕动，减少脂肪堆积。"

范例2

在推介香蕉的时候，我们可以这样说："其实，香蕉是一种'快乐果实'，你们有没有发现，吃了香蕉之后，心情会变得好一点。这不是心理作用，而是因为香蕉含有色氨酸，它能让人平静，减轻悲观抑郁。"

"老品种+新话术"的具体操作手法如图5-4所示。

技巧1：从功效入手

过去的人对农产品的要求不高，能吃饱就行，所以很少有人挖掘老品种的功效。我们要想把老品种卖好，就要挖掘它的新功效。例如，卖土鸡蛋时，我们可以告诉粉丝，土鸡蛋的蛋黄里含有更多的核酸类物质，可以有效促进胎儿的大脑发育，孕妇应该多吃一些土鸡蛋。这就是对新功效的开发和描述。

技巧2：从食用场景入手

老品种可能会有新的吃法，主播一定要多了解，把新的吃法推荐给粉丝。例如，以前人们只是把葡萄当成水果来吃，但是现在只需采用简单的方法，就可以把葡萄酿成葡萄酒。老品种的葡萄籽比较大，吃的时候不方便，但是用来酿酒的话，它的单宁含量更高，酿成的酒味道更好。

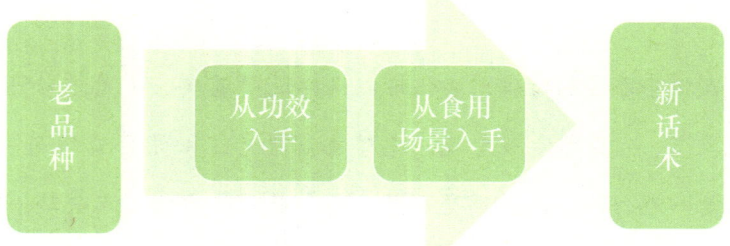

图5-4 "老品种+新话术"的操作手法

第三节　突出卖点，但也要关注粉丝需求

40　营养介绍要紧跟粉丝的实际需求

每一种农产品都含有多种营养物质，不过，大部分消费者之所以选择某一种农产品，就是看中了它富含的某一种营养物质。我们只需要把粉丝最在意的营养物质介绍清楚就可以了。

例如，香蕉含有胡萝卜素、硫胺素、烟酸、钾元素、膳食纤维等多种营养物质，但是我们在介绍的时候不必流水账似的全部说一遍，我们只需要说："现在的人们喜欢运动，运动的时候会流很多汗水，身体里的电解质就会流失，吃什么可以快速补充电解质呢？那肯定就是香蕉了，因为它是钾含量最高的水果之一。很多球星在中场休息的时候都会吃一点香蕉，就是这个道理。"

案例回放

某主播知道自己有很多准妈妈粉丝，于是她在直播中说："准妈妈最怕什么？就是怕肚子里的宝宝发育不好，尤其是大脑发育不好。医生会让你多吃一点鸡蛋，这样就可以补充核黄素，让宝宝变得更聪明。可是，我吃了很多鸡蛋，总觉得差点意思。于是，我就让妈妈给我养了几只土鸡，土鸡蛋的味道真的不一样。后来，我们家的土鸡越

来越多。我心想，干脆开个土鸡养殖场好了。所以，如果准妈妈们想要给宝宝补充营养，现在就可以买我们家的土鸡蛋，保证货真价实。我也是当妈的人，我是不会欺骗大家的。"

粉丝缺什么营养，主播怎么会知道？我们当然不可能知道具体的某个人缺乏哪些营养，但我们可以通过查阅相关资料，了解大多数当代人缺乏哪些营养，某个地区的人需要补充哪些营养。只要能够抓住大部分粉丝的需求，就可以有效地突出农产品的卖点。

范例1

在推介补脑农产品时，我们可以这样说："高中生可能是用脑最频繁的一群人了，家长一定要想办法给他们补充营养。一说起补，很多人就会想到人参、灵芝之类的东西。实际上，花生就是我们生活中一种非常好的补脑食物。尤其是我们云南的七彩花生，更是好上加好，欢迎各位学子或学子的家长来购买，有优惠哦！"

范例2

在推介含钙量高的农产品时，我们可以这样说："大家家里都有老人，老年人最大的问题就是钙流失得太快。有人说，可以给老人

> 多吃点钙片。其实，老年人补钙最好采用食补。在蔬菜中，韭菜的钙含量是比较高的，它的钙集中在韭菜花上。所以，我们今天把这款韭花酱推荐给家里有老人的观众，希望叔叔阿姨身体健康，长命百岁！"

技巧1：不要把农产品当成药来介绍

农产品能够补充各种营养，但不能把农产品当成药来介绍。例如，有人说家里老人缺钙很厉害，主播就说"我们的牛奶最补钙，多喝我们的牛奶就能好"，这显然是不对的。食补可以帮助健康人群预防疾病，也可以帮助特殊人群补充营养，但不能取代医学治疗和药物。

技巧2：不要神化某种营养

有些主播在介绍某种营养的时候，喜欢说这种东西既能抗癌，又能美白。其实，这样说用处不大，只要有一个点说到粉丝的心坎上就够了。说得太多、太夸张，反倒会让粉丝觉得你推荐的产品是"包治百病大力丸"，不值得相信。

41 介绍产品时别一开口就是极限用语

做直播，我们首先要学会说"安全的话"，不要违法。很多人可能会觉得奇怪：自己做农产品直播，往小处说是自主创业，往大处说是帮助农民拓宽销售渠道，积极参与脱贫攻坚战，助力乡村振兴，怎么可能会违法呢？

实际上，如果我们在直播的时候不注意自己说的话，想到什么就说什么，还真的有可能做出违法行为。

某主播在直播中宣称自己的蜜糖橘品种是"最好吃的蜜糖橘"，招致其他蜜糖橘经销商的不满，有人去相关部门举报。后来，当地市场监督管理局认定该主播违反了广告法中关于极限用语的相关规定，依法作出罚款20万元的行政处罚。

2019年，新广告法出台，对违法使用极限用语的广告行为的处罚力度大大增加。旧广告法的处罚是退一赔三，但新广告法的处罚是罚款20万元起。案例中的主播违法使用极限用语，踏入了禁区，给自己造成了巨大的经济损失。

图5-5列出了部分极限用语，供大家参考。图5-5对常见的极限用语做了一定的分类。我们可能记不住这么多，但可以把这张图打印出来，贴在醒目的地方，时刻提醒自己。时间长了，就会下意识地

避免说出这些词。

"级/极"
- 国家级、世界级、最高级、顶级
- 国家级产品、顶级工艺
- 极品、终极、极致

"最"
- 最佳、最大、最好、最高、最低、最具、最便宜、最新、最先进、最大程度
- 最新技术、最先进科学、最新科学、最新技术、最先进加工工艺
- 最后、最先、最时尚、最受欢迎

"一"
- 第一、唯一、独一无二
- 第一品牌、全网销量第一、全国第一（NO.1\Top1）

"首/家/国"
- 首个、首家、独家
- 全球首发、全国首发
- 填补国内空白

"品牌"
- 金牌、王牌、冠军、至尊
- 世界领先、顶尖、之王

"虚假"
- 绝对、万能、永久
- 绝无仅有、前无古人、史无前例

图5-5　部分极限用语

 实战演练

在宣传农产品时,想要强调自己的东西好,不见得非要说它是"最好的""顶级的"。假设你现在推介的是蒲江丑柑,虽说成都市蒲江县的丑柑品质确实非常出众,但我们不能说自己的丑柑是最好的、顶级的、无与伦比的,我们可以使用别的说法。

范例1

我们可以这样说:"一般来讲,丑柑的糖度是15%。但是,蒲江的自然条件特别适合丑柑生长,所以蒲江丑柑的糖度可以达到17%以上。"

范例2

我们可以这样说:"蒲江在北纬30度线上,我们都知道,北纬30度这条线是很神秘的,它也是很多农产品的最佳产区。蒲江是丑柑的优势产区,这里的丑柑品质没的说。"

范例3

我们可以这样说:"蒲江丑柑,就是长得丑、吃着香。蒲江这个地方种丑柑的历史已经有几十年了,当地的丑柑品种是从日本引进的,以前叫不知火,价格非常高。国产化以后,品质和原来没有什么区别,但价格非常亲民。"

技巧1：用事实来说话

"最好""最佳"这种说法没有办法证明，所以很容易引起争议。对于丑柑的糖度，我们说的是"可以达到17%"，这意味着并不是所有丑柑的糖度都达到了17%，这就留出了余地。

例如，推荐兰州百合时，我们可以说："兰州百合是国内唯一一个食用甜百合品种，它在兰州附近长得最好。很多人想在其他地方种兰州百合，但效果始终不是很好，要么品质和品相不行，要么干脆长不大，只能长到一两以下，品质就差得多了。"

技巧2：用数据来说话

很多时候，数据比形容词更有说服力。主播要学会用数据说话，并对自己推介的农产品多一些理性认识。例如，在卖深海鱼时，我们可以说："我们的深海鱼都来自离岸500公里的100米深海，那里水温常年低于4℃，很冷，所以鱼需要更多的脂肪来保暖。这种鱼的脂肪含量是30%，所以吃起来又香又滑。"

第六章

好口才，激发粉丝的购买动机

第一节 推销别太功利，拉近关系最重要

我们做直播的目的是什么？这个问题的答案决定了主播在直播的过程中应该说什么话、做什么事。这个问题的答案是什么呢？当然是卖货，但这并不是全部。我们做直播，最终想要实现的是自我成长，打响自己的名气。因此，做直播，既是为了卖货，也是为了宣传自己。

如果我们不能打响自己的名气，那么农产品能否销售出去将完全取决于农产品的品质和价格。当农产品的品质和价格没有优势的时候，我们就会失去粉丝。主播越功利，越急于卖货，粉丝越容易觉得主播只是想要赚他们口袋里的钱，反而更难实现最初的目的。

42 别让粉丝觉得"主播唯一的目的就是把货卖给我"

直播卖货与打广告有着本质的区别。打广告是为了更好地推广产品，吸引更多的人来购买产品；而直播的时间长、互动多，很多来看直播的人并不是为了购买产品，而是为了找点乐子（见图6-1）。如果直播变成单纯的推销，大部分粉丝都不会愿意观看。

我们做直播不能只是为了卖货，更不能让粉丝觉得我们唯一的目的就是把货卖给他们，否则直播就变成了目的性强、功利性强的广告。这会让粉丝觉得不舒服，也会让直播的效果大打折扣。

广告	直播
• 介绍商品 • 功利性强 • 目的性强	• 找乐子 • 时间更长 • 互动更多

图6-1　广告与直播的区别

某农产品主播做完产品介绍，说了这样一段话："我们这款农产品老少咸宜，适合每个人。即便你自己不喜欢吃，也可以买回去送朋友、送亲戚。这是纯天然、无污染的农产品，送这款农产品就等于送健康。不管是你自己吃，还是买回去送给别人吃，还是全家一起吃，都是可以的。主播给大家带来了那么多的快乐，大家难道不支持一下主播吗？想要支持主播，就请买这款农产品吧！"

直播也要有娱乐效果，因此夸张是主播经常使用的手法。但是，如果过于夸张地描述产品效果，就会显得目的性特别强。粉丝不一定非要在主播这里购买特定的产品，案例中的主播本意是想打感情牌，但说法过于夸张，甚至到了道德绑架的程度，这会让粉丝极度反感。主播越急切地告诉粉丝，不管出于什么理由都应该购买这款产品，粉丝越会感到主播只想赚他们口袋里的钱,下单的意愿越低。

实战演练

范例1

某农产品主播介绍产品的时候总是说非常诚恳的话:"这款产品虽然物美价廉,但并不适合所有人,特别是高血压的朋友,应该尽量少吃。"

范例2

某农产品主播是这样介绍产品的:"虽然我们加工过的产品味道非常好,但新鲜的别有一番风味。自己能处理、距离产地又比较近的朋友可以尝试购买新鲜的食材自己加工。大家可以关注我的频道,过几天可能会有鲜货活动。"

技巧点拨

技巧1:牢记"人设"

所谓"人设"就是粉丝眼中主播的个人形象、风格。有些主播刻意为自己打造了一个"人设",但遇到某些突发状况就会展现本性,导致"人设"崩塌,这将对主播的口碑造成极大的负面影响。如果主播有某种"人设",就要时刻维护自己的形象,以符合粉丝的期待。

我们可以在直播台对面放置一些提示语，如"不使用粗俗的字眼""不和粉丝争吵"等。

技巧2：农产品的品质一定要有保证

为了保证农产品的品质，在选择农产品的时候，最好注意一下"三品一标"，即无公害农产品、绿色食品、有机农产品和农产品地理标志。大多数拥有"三品一标"的农产品，其质量都是有保证的。

技巧3：不要说太强势的话

主播说话越强势，越容易引起粉丝的反感，越容易让粉丝产生"我就是不买"的逆反心理。主播要将姿态放低，多使用平和的语气，时刻牢记自己与粉丝的关系是平等的。

43 推销痕迹太重导致直播"翻车"

直播卖货的本质就是推销，但人们往往不喜欢推销。这是因为，硬性推销往往会夸大产品优点，隐藏商品缺点，导致粉丝认为买到手的东西与预期不符。

粉丝当然知道直播卖货的实质就是推销，但一味推销是不可能让粉丝喜欢的，甚至不会有粉丝来看直播。我们必须不留痕迹地推销，先把粉丝吸引过来，然后推介农产品，这样才能保证直播顺利地进行下去（见图6-2）。

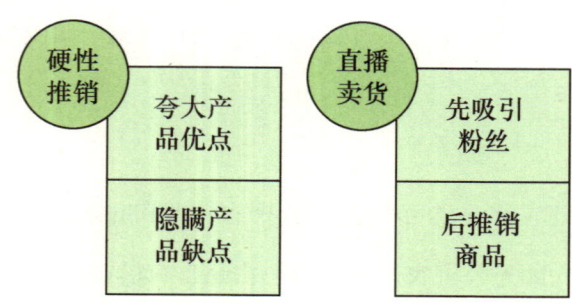

图6-2　硬性推销与直播卖货的区别

某主播在推介本地产的蘑菇时是这样开场的:"各位粉丝大家好,我们又见面了。春天即将结束,夏天即将到来,又到了山里蘑菇不停冒出来的季节。我们本地产的蘑菇因为鲜香的味道和劲道的口感,每年都要以××元每公斤的价格卖出×××公斤。有兴趣的朋友们可以通过一会我提供给大家的方式购买,价格十分优惠。"

主播的开场白还没结束,已经有不少粉丝退出直播间,有些粉丝还不停地发"我证明,他卖的蘑菇特别好吃,我已经买了1万斤"之类的怪话。一时间,直播间弥漫着尴尬的气氛。

直播间不是电视台,粉丝为了看自己喜欢的电视节目不得不忍受冗长的广告,但看直播时不会忍耐。每天都有几千名甚至上万名主播在直播,如果他们觉得你的直播无聊,就会去看别人的直播。对主播来说,留下粉丝是最重要的。案例中的主播使用毫无悬念的开场白,平铺直叙地介绍农产品的单价,一上来就揭开了所有谜底。这样做直播会让粉丝产生一种感觉:接下来的内容都以推销为主题,这肯定是一场很无聊的直播。

范例1

我们可以用这样的开场白:"我的故乡是一座小山村,这里没有被开发过,仍然保持着山清水秀的模样。村子后面就是一座山,这里有许多大自然赐予我们的宝藏。原汁原味的山与开发过的旅游景点大不相同,出生在城市里的各位可能不太了解这样原生态的山。今天我就带大家看看原生态的山林里究竟有什么。"

范例2

在引出想要推介的产品时,我们可以这样说:"我们在这山上也转很久了,肚子也有点饿了。人们常常将山珍和海味放在一起煮,既然山上有山珍,我要是饿着肚子下山,那也太说不过去了。接下来,我就来带大家找找这里都有哪些山珍。"

技巧:不要一上来就开始推销

大多数看直播的粉丝虽然对直播内容并非完全了解,但也是心里有数的。不少人参加过那种诱导消费的旅游团,导游总是先安排游客去几个景点,让他们有个好心情再带他们去购物点。如果旅行的第一站就是购物点,那么大多数游客都会不高兴。做直播时,关于单价、数量、折扣的词汇出现得晚一些比较好,否则粉丝就会认为主播一上来就开始推销,他们很可能会立即退出直播间。

44 先交朋友,才能让粉丝信任你

粉丝信任主播,卖货就变得简单多了。那么,主播如何才能获得粉丝的信任呢?最好的办法就是跟粉丝交朋友,成为粉丝的"自己人"。

某农产品主播经常与粉丝互动,互动的方式是这样的:"×××这位朋友很懂嘛,我们这款产品就是这样的,你真的是行家。""×××大哥好久没来看直播了,不来看我直播也不一定是什么坏事,应该是工作比较忙吧?工作忙是好事啊,工作忙才能发财。""最近××地区降温比较快,希望大家保重身体,多加些衣物,不要感冒了。"

你会和从不与你接触的人成为朋友吗?主播只有与粉丝互动,才

能与粉丝成为朋友（见图6-3）。互动是直播最大的优势之一，很多人觉得主播远比视频、电视上的人亲切就是因为可以和主播互动。案例中的主播经常与粉丝互动，经常对粉丝嘘寒问暖，所以他的粉丝才会喜欢他、信任他。粉丝觉得主播很像自己在生活中认识的人，就会对主播产生亲切感，与主播成为朋友。

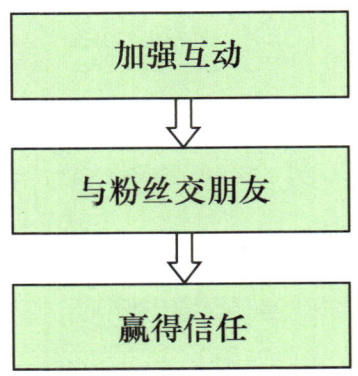

图6-3 逐步赢得粉丝的信任

范例1

在开场的时候，我们可以稍微和粉丝聊几句家常："大家下午好，刚刚过了中午，大家都吃过午饭了吗？下午往往是一天中最忙碌的时候，也是工作最多的时候，所以午饭是一天中最重要的一餐。吃好午饭，才能保证下午工作顺利。工作再忙，也不能忘记吃午饭。"

范例2

我们要尽量选择具有代表性的问题予以回答，尤其是关于缺点的问题："这款产品的确存在这样的问题，所以大家购买的时候一定要考虑好。谁的钱都不是大风刮来的，买回去自己不喜欢，白白浪费了钱，那就太可惜了。请各位下单前一定要考虑好。"

技巧1：展示诚恳的态度

最简单的一个方法就是"报喜也报忧"，我们在介绍农产品优点的时候，不妨把农产品的一些缺点也明明白白地告诉粉丝。如果你充分展示了农产品的优点，即便把农产品的缺点告诉粉丝，他们也不会放弃购买。

技巧2：以平等的姿态与粉丝对话

交朋友的前提是双方的地位大体平等，如果主播的地位比粉丝低很多，主播就不可能成为粉丝的朋友。反过来，如果主播总是高高在上，也不可能和粉丝成为朋友。因此，在直播的过程中，我们要尽量少说"我们""你们"，而要多说"咱们"。主播不要总把"客官老爷""衣食父母"挂在嘴边，偶尔调侃一下可以，但若总是强调粉丝的顾客身份，反而会让彼此之间产生疏离感。

第二节　在展示环节要学会"自我陶醉"

相比于传统媒体，直播可以传递更多的信息。实际上，粉丝能够感受到的远远不止农产品本身。要想让粉丝感受到农产品的气味、味道，全靠主播的表现力，主播在展示环节要学会适当地"自我陶醉"。

45　"看了他吃海鲜的样子，多贵都想买！"

购物最重要的环节就是体验。iPhone风靡全球，苹果体验店功不可没。正是因为有人体验过苹果公司的产品，并且将自己的感受分享出去，苹果公司的产品才成了热门话题，让很多人在购买之前就格外向往。直播时，主播与粉丝之间并不是面对面的，粉丝不能亲自体验农产品，只能通过主播的表现来感受农产品的好坏。

主播把自己的体验传递给粉丝时，语言只是其中的一种工具。人的感觉有多种，主播能够传递给粉丝的除了画面还有声音，如果能够将视觉体验与听觉体验结合起来，就能让粉丝获得更真切的感受。从这个角度来说，主播要想在直播过程中感染粉丝，就应该学会"自我陶醉"。在主播"自我陶醉"的过程中，尽管粉丝不能直接获得味觉、嗅觉、触觉等方面的体验，但他们可以通过主播的表现自行想象（见图6-4）。

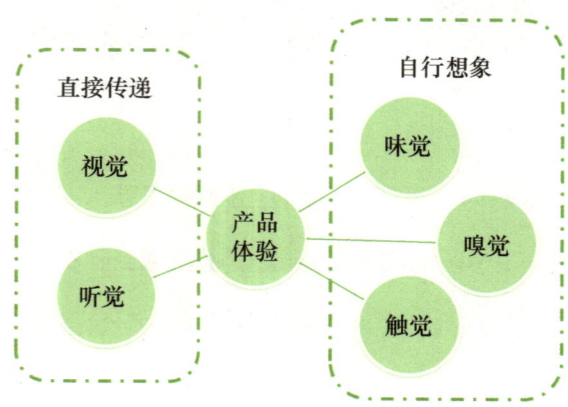

图6-4 主播传递给粉丝的体验

某主播在一场直播中现场吃海鲜,全程眉开眼笑。她经常将拆开的海鲜送到摄像头前,让粉丝看得更清楚。在吃的过程中,她时不时发出感叹:"这才是真正的海鲜,和平时在超市买的冻货完全不一样,和在超市买的普通海鲜也不同。这才是真正的精选海鲜,真的太好吃了!烹饪的时候什么都不用放,清水烧开,撒上一把盐,就已经是难得的美味了。"

主播面对的是不能直接接触农产品的粉丝,要想让粉丝获得体验感,主播的表现必须比平时夸张一些。特别是表情,不管是喜悦还是

痛苦，单凭语言是很难充分表达出来的，所以要稍微夸张一下。在这个过程中，语言能够发挥的作用是告诉粉丝主播为什么会流露出这样的表情，为什么会产生这样的感觉。

范例1

在试吃的时候，为了突出口感，我们可以这样描述："这个北极贝，口感脆嫩、爽滑，味道鲜甜、清爽，一点腥味都没有，真的是太美味了！各位有机会一定要尝试一下，吃下去以后，整个人似乎遨游在深海之中。"

范例2

在试吃的时候，为了突出产品的不同，我们可以这样说："都说秋高气爽河蟹肥，这个螃蟹与在超市中买到的可真不一样，满膏满脂，实在是太香了！"

技巧：描述要细腻，多使用形容词

现在有很多美食节目，节目嘉宾总是能用非常美妙的词汇来描绘食物，激发观众的食欲。不同的食物有不同的特点，如果主播每次都用相同的形容词,那么经常看直播的粉丝只会觉得主播言语苍白、表现力不足。如果你不擅长使用形容词,不妨用独特的比喻来描述食物。

46 少一些感性描述,多一些细节描述

很多主播在介绍农产品时喜欢使用十分感性的描述,他们认为这样描述就算是做到了"自我陶醉",但粉丝却没有感受到。不能让粉丝感同身受,那就是毫无意义的。在介绍农产品时,我们要多做细节描述,少做感性描述(见图6-5),这样才能让粉丝获得关于农产品的更多有用信息。

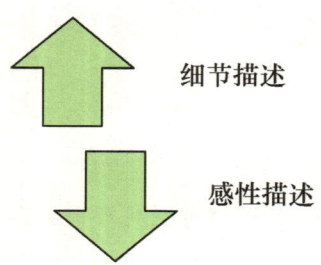

图6-5 介绍农产品时要多做细节描述,少做感性描述

某主播在介绍水果时这样说:"我们的樱桃味道特别甜美,口感极佳,吃下一颗能让人产生漫步在云端的美妙感受。仅仅看着这些樱桃,就能让人产生一种如梦似幻的感觉,在口中咀嚼美妙果肉的时候,耳

边仿佛奏响了人间罕见的美妙乐章。樱桃的汁水在口中流淌，如同绽放的鲜花，这是你在品尝其他水果时难以感受到的……"

案例中的主播在介绍农产品时使用了非常夸张的形容，但粉丝又能从中获得什么信息呢？果肉的口感是什么样的？果汁的味道是什么样的？粉丝很难通过主播的介绍获得有用的信息。主播确实做到了自我陶醉，但他无法让粉丝跟着他一起陶醉。他的形容过于抽象，粉丝无法获得体验感，因此这种手法是无效的。

范例1

在描述樱桃的时候，我们可以这样说："这个樱桃的果肉结实、饱满、富有弹性，纤维非常细密，咀嚼的时候有强烈的反馈感，让人觉得十分满足。果汁的味道十分清甜，樱桃的芳香也十分明显，完全不会被甜味盖住。樱桃的香味与甜味完美地融合在一起，吃的时候仿佛就坐在樱桃树下。"

范例2

在描述牛奶口感的时候，我们可以这样说："这款牛奶的口感真的特别好，非常顺滑。有人常常将牛奶的顺滑比作丝绸，我觉得丝

> 绸这个比喻并不能完全体现这款牛奶的口感。入口以后，除了丝滑，还有一种浓稠紧密的包裹感，就像喝热巧克力时的那种口感一样，非常浓厚，能感觉到口腔里仿佛有什么东西将整个舌头都包裹了起来，口感好极了。"

技巧1：形容要具体

我们要少说"人间美味""太好吃了""好吃到难以形容"这类的话，而要使用更加具体的形容。我们可以说："甜味在舌头上爆炸开，这种糖分冲击神经的感觉，就是幸福啊！""这个肉吃到嘴里之后，瘦肉也是滑滑的，不老不柴。肥肉一点都不腻，好像果冻一样，直接化在嘴里了。"

技巧2：抽象、感性的描述并非完全不能用

有时候，抽象、感性的描述比具体的描述更有美感。我们要结合运用细节描述与感性描述，用细节描述传递自己的感觉，用感性描述升华这种感觉。例如，我们可以说："这个烤鱼片真的鲜味十足，入口之后马上就能感受到大海的味道。肉质紧实，很有嚼劲，在嘴里嚼一会，仿佛置身于辽阔的大海，自由遨游。淡淡的鱼腥味不仅是货真价实的证明，也衬托了鱼的鲜味，更能激发人的野性。闭着眼睛仔细品尝，脑海中会出现小小渔船在海上与风浪、各种凶猛鱼类搏斗的画面。"

47　强调农产品的优点，但要说在点子上

赞美别人的时候要真诚，虚情假意的赞美会被人识破。我们夸赞农产品也要夸到点子上，否则只能起反作用。主播夸赞农产品没有夸到点子上主要有两种情况：一是没有提到粉丝关心的问题，没有提到农产品真正的卖点；二是农产品在某个方面并不优秀，主播却硬要强调这一点。

某主播在推介某地产的玉米时这样说："请各位仔细看看，我们今天推荐的玉米真的与众不同。你们看看，颗粒多么饱满，多么富有光泽。这个玉米棒比我以前吃过的都要大。这些玉米在种植的时候没有用任何农药，可以说是真正的纯天然、无污染。定期吃一些粗粮对健康有好处，这一点大家都知道。这款玉米就是大家最好的选择之一。"

案例中的主播犯下的主要错误就是没有重点强调粉丝更在意的地方。农产品的外形、颜色、大小当然是重要的信息，对健康有好处也是重要的信息，但味道、口感才是最重要的信息。农产品是否吸引粉丝，味道与口感才是决定性的因素。介绍农产品时不介绍这两点，说再多，粉丝也不会买账。

在推介龙虾的时候，我们可以这样说："或许大家都吃过龙虾，但这么大的龙虾，我还真是没吃过几次。我之前吃过一次，大龙虾的口味就是不一样。用弹牙来描述这龙虾的口感一点都不夸张，每一口下去，都能感受到细致紧实的虾肉和鲜甜的味道。包装也十分用心，我收到快递的时候，这个龙虾还是活的，精神得很。所以，各位完全不需要担心收到货的时候发现龙虾不新鲜、没法吃。"

技巧1：找到合适的卖点

卖点不是一成不变的，主播要根据粉丝的情况调整卖点。例如，你的大部分粉丝是年轻人，你在介绍农产品的时候就要重点说这个农产品对年轻人有什么用、有哪些好处；如果你发现这场直播来了很多准妈妈，你就要重点宣传农产品对孕产妇的好处。能够打动粉丝的卖点，才是有效的卖点。

技巧2：利用一切能利用的优势

有时候，产品之外的因素同样重要，也可以成为某种优势。例如，我们严格挑选，保证销售的农产品都是优等品，我们的售后服务非常贴心到位，这些都是优势。目前，直播购物还有一些令人担心的地方，如运输、售后、品控等，我们要从中找出能够利用的优势，突出农产品的卖点。

第三节　给粉丝一点惊喜，让他们笑

人的情感状态不是一条水平的直线，而是不断波动、上下起伏的曲线。意外之喜往往比固定的福利更让人开心，如果主播能利用一些小惊喜提高粉丝的兴奋度，主播本人、主播推介的产品都能获得更高的评价。

48　拿出赠品前，先卖个关子

人人都喜欢赠品，提供赠品也是主播常用的手法之一。但是，如何才能让赠品变得更有价值呢？如何才能让赠品给粉丝带来更多的惊喜呢？很多主播提供赠品并没有发挥应有的作用，反而让送赠品变成了一件理所当然的事情。有的粉丝甚至会产生"这东西连个赠品都没有，根本不值得买"的想法。

送赠品是一种错误吗？当然不是。粉丝之所以这样想，往往是因为很多主播选错了送赠品的时机。

某主播在产品展示环节结束后，开始介绍购买方式和价格。他是这样说的："现在下单不仅可以享受8折优惠，还可以获得价值××元的赠品。大家还在考虑什么？赶紧下单吧，买到就是赚到。"

案例中的主播刚说完价格,马上就说有赠品,这种表述方式缺少冲击力,很难让粉丝感受到赠品的价值。主播在告诉粉丝有赠品之前应该卖一些关子,让粉丝的心态产生起伏,让他们感受到赠品对农产品的价值有比较明显的影响。只有这样,才能突出赠品的价值,让它变成一块沉重的砝码,让粉丝的心朝着想要购买农产品那一边倾斜。

范例1

在引出赠品时,我们可以这样说:"这款产品现在以原价的8折销售,可以说是过了这个村就没有这个店了。不信你去超市看一看,去商场比一比,我们的产品质量更好,价格比超市、商场的更加优惠。这才是真的买到就是赚到。如果你觉得8折优惠的力度还不够,不要紧,今天下单的朋友,我们还提供价值××元的赠品。如果说8折只是让我们的产品比超市、商场的便宜一点,那么这款赠品就让性价比变得完全不同。买得多,送得多,赶紧下单吧!"

范例2

在引出赠品时,我们还可以这样说:"除了这款产品,我还有一样东西要介绍给大家,就是这款×××。这款产品相信大家并不陌生,平时的价格是×××元。我们的这一款和你平时在超市、商场

> 买到的可不太一样，我可以保证它的质量比超市、商场的更好。不信？我现在就给大家展示一下……这么好的产品，你们觉得值多少钱？应该卖多少钱？这位粉丝真有眼光，的确，它的原价就是×××元。但是，今天只要购买××，我们就免费赠送。你没有听错，是免费赠送！"

技巧1：引出赠品前要有递进的过程

想要让赠品变得更有价值，就必须有一个递进的过程：先让粉丝知道今天购买农产品已经赚到了，然后告诉粉丝还有赠品。一个优惠变成双重优惠，粉丝的心态会发生明显的变化。一套赠品包含10件产品，我们可以把它分成10件赠品，"十重好礼"的说法更容易打动粉丝，让他们觉得赠品的价值很高。

技巧2：说一下赠品的"价格"

如果单纯地说赠品，那么赠品就是有价值而没有价格的。这时，赠品的价值完全体现在其作用和功能上，无法给粉丝带来更大的冲击力。我们可以花一点时间介绍赠品，告诉粉丝赠品平日卖多少钱，把粉丝得到的实惠换算成更容易理解的价格，这样一来就能给粉丝更大的刺激。

49 做好铺垫，推出意想不到的好价格

价格低是直播购物最大的优势之一。有时候，粉丝对农产品非常了解，价格将直接决定他们是否购买。此时，如果我们能给出足够低的价格，就能一锤定音。

主播介绍价格要选择合适的时机，尽可能放大冲击力，让粉丝产生更强烈的购买欲望。如何才能凸显我们的价格是好价格呢？其实做法与凸显赠品价值时的做法差不多。

某知名主播经常使用这样的话术："大家对这款农产品并不陌生，相信平时也有不少人买过。大家都是以什么样的价格买的呢？质量比我们的更好吗？我们的产品可以说是精挑细选、质量上佳。说实话，这款农产品平日卖到×××元，我一点都不会觉得奇怪。但是今天，只要花×××元就可以买到这款农产品，惊不惊喜，意不意外？"

物美价廉的农产品总是更能激发人们的购买欲望，但是，物美价廉的前提是物美，如果农产品不够好，价格再便宜也谈不上物美价

廉。三播要先将农产品的优点更多地展示给粉丝，不断放大农产品的价值，然后告诉粉丝农产品的价格，这样粉丝才会觉得这款农产品物美价廉。

> 我们在介绍产品时可以采用对比的手法："我总是担心自己给大家推荐的产品不够好、不够优惠。在今天直播开始之前，我特意去了一趟附近的超市，买了一些今天要为大家介绍的产品。大家看看，小票在这里，买了多少，花了多少钱，清清楚楚。这边是超市买来的，这边是我今天要推荐给大家的。究竟哪个更好，相信大家一眼就能看出来。既然我们的产品比超市的更好，价格也理应比超市的更贵。但是，现在我们正在做活动，我们的产品不仅没有比超市的贵，而且比超市的便宜得不是一点半点。"

技巧1：提前准备好对照物

让粉丝明白优惠力度最直接的方法就是做对比，我们可以对粉丝说："这款产品在超市里是什么价格？相信大家都清楚，我们的价格不仅比超市的低，甚至比原产地的收货价格还要低。这才是真正优惠！"如果我们的产品在价格上有优势，就要提前准备好对照物，在直播的过程中找合适的时机做一番对比,粉丝一下子就能明白自己得到了多大的优惠。

技巧2:告诉粉丝好价格不是天天都有

我们要特别强调低价是暂时的,而不是长期的,我们可以对粉丝说:"如果全部产品都按照这个价格卖,我就赔太多了。现在这个价格是活动期间的价格,活动结束之后,这样的价格恐怕不会再有了。"如果我们不这样说,粉丝就会以为这款产品本来就值这个价,不会积极购买;日后涨价的话,他们只会觉得性价比更低了。

第七章

制造紧张气氛,
让粉丝主动下单

第一节　渲染气氛，让粉丝觉得"过了这个村就没这个店"

物以稀为贵，越是容易得到的东西，人们就越习以为常，越觉得什么时候需要什么时候买就行。那些难以获得的东西、难以遇见的价格更容易打动粉丝。

50　限时、限量是最佳的销售武器

消费者在日常生活中总是逃不开冲动消费的陷阱，这是因为商家时常打出限时、限量的旗号，对消费者施加压力，增加了紧迫感（见图7-1）。

图7-1　限时、限量对消费者的巨大吸引力

既然是限时的,你考虑得越久,买到的可能性就越低。限量也是如此,如果你不够果断,不能马上下定决心购买,你就可能买不到了。正是这种心态让消费者抛弃理性思考,进行冲动消费。我们在做直播的时候,也要利用好限时、限量这两种武器。

某主播在直播时是这样强调限量的:"我们刚刚已经介绍了这款产品的优点和价格,但享受这个价格的只有前1万份。1万份卖完以后,就立刻恢复原价了。各位不要觉得1万份这个数量很多,我不是第一次在直播间为大家推荐这款产品了。上一次也是1万份,价格也与这次相同,只用了短短20分钟,1万份就被抢光了。认可这款产品的,不要犹豫,赶快购买吧!"

只要产品足够好,想要的人达到一定的数量,像1万份这样看起来很大的数字,也可以是限量的。案例中的主播为粉丝讲述了上一次销售这款产品时粉丝竞相购买的状况,也从侧面告诉粉丝这款产品的质量非常可靠,不需要有太多的顾虑。随着产品数量的减少,粉丝会越来越紧张。

范例1

运用限时促单时,我们可以这样说:"这款产品的优惠不会一直持续下去,到今晚12点,优惠活动就结束了。现在距离12点只有短短的2个小时,大家要抓紧时间了!"

范例2

运用限量促单时,我们可以这样说:"今天这款产品限量1万份,1万份很多吗?其实,1万份一点都不多。今天直播间有好几千人,平均下来1人才2份。何况,这款产品一直是有口皆碑的,这次给出这样优惠的价格,谁都想多买几份。就在这短短的几分钟内,抢得只剩下三分之一了,想要的赶紧下单吧!"

技巧1:限制要具体

不管是限时还是限量,限制必须是具体的。限制越具体,给粉丝造成的压力越大。例如,"活动到今晚8点结束"和"还有2个小时活动就结束了",显然第二种给人的紧迫感更强。运用"限量"时也是如此。告诉粉丝这是一款限量商品、限量多少,远远不如告诉粉丝当前还有多少份有效。

技巧 2：灵活运用倒计时

倒计时是最能让人产生紧迫感的工具之一。在促单时运用倒计时，不断给粉丝压力，更容易放大限时、限量的效果。例如，主播可以说："活动到今晚 8 点结束，从直播开始到现在，已经过了 1 个小时，只剩下 1 个小时了，希望各位抓紧下单啊！""这款商品限量 1 万份，现在已经销售了一半，还有 5000 份，想要购买的粉丝，请抓紧时间下单！"

51　"新产品推广，机会只有一次！"

都说物以稀为贵，还有什么机会比只有一次的机会更宝贵呢？在直播过程中，我们要善于运用"机会只有一次"这样的说法，让粉丝明白错过这次宝贵的机会是一种损失。

当然，肯定会有粉丝不相信"机会只有一次"这种说法。我们要想方设法让粉丝明白，机会真的只有一次，以后即便有类似的活动，也跟这一次完全不同。

某农产品主播推广新产品的时候，是这样描述"机会只有一次"的："我们这款产品刚刚上市，为了打开市场，也为了让大家对这款

产品有全面的了解，我们特别举办了这次的推广活动。新品上市，这么大的折扣，这么多的优惠，真的只有这么一次。同样的价格或许在几个月以后还会有，但是大家想想，这是第一批上市的，和最后一批上市的质量肯定不一样。以这样的价格，买到质量这么好的产品，机会真的只有这么一次，大家千万要抓住了！错过了，真的就是各位的损失。"

任何优惠、活动、折扣都不可能是独一无二的。但是，在不同的时间，相同的折扣可能有着不同的含义。就拿电子产品来说，销售初期的最大折扣可能与冲业绩时的最大折扣相当，但是产品的使用寿命却相差很多。人们常说的"早用早享受"就是这么一回事。在前一个时期购买产品的消费者获得了当时最好的体验，而在后一个时期购买产品的消费者可能很快就会面临产品的更新换代。同样的价格，消费者的体验却完全不同。

农产品也有自己的销售周期。在不同的季节、不同的时间段，市面上销售的农产品也不同。如果错过最好的时间，想买就要等到来年了。在产品刚上市时就能买到和产品上市许久之后才能以同样的价格买到，粉丝的体验完全不同。只要抓住这一点，"机会只有一次"的说法就能奏效。

主播强调机会只有一次时,可以这样说:"这次活动,产品是非常好的批次,价格是超级优惠的,服务质量更是不用担心。没有商家会无缘无故举办这样的活动,我们也是为了推广新产品。也就是说,这样的机会只有一次。我可以保证,机会只有一次。别犹豫了,赶紧下单吧!"

技巧:加上辅助性刺激

"机会只有一次"等说法固然能增加粉丝的紧迫感,但还要有其他辅助性刺激才能最终获得预期的促单效果。例如,我们可以在"机会只有一次"的基础上开展限量销售或者限时销售,一定能够获得更好的效果。

52 "产地佳,产量少!错过这一次就很难买到!"

农产品不同于其他产品,其产地非常重要,而且其产量也不是固定的,特别是优等品。气候的变化、人为的影响都可能导致农产品的产量出现较大的波动(见图7-2)。因此,一些优质的产品,去年可能还是想买就能买到的,今年就变成了稀罕物。在做直播的过程中,主播要想办法通过农产品的产量、产地制造紧迫感，让粉丝尽快下单。

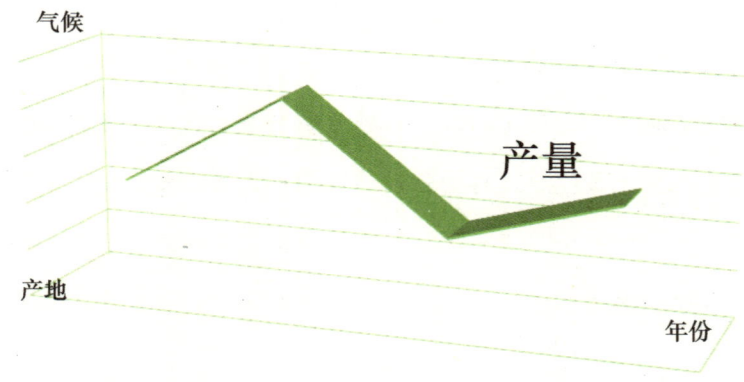

图7-2　农产品的产量并不是固定的

某主播在推介一款茶叶的时候这样说："往年到了这个季节，新茶就下来了。但是，今年由于天气干旱，茶叶减产严重。茶叶的数量骤减，好的茶叶就更少了。我找了好多渠道，才为大家找到一点，保证是××地区生产的，数量极少。大家要是想买就赶紧下单吧！错过了这一次，真的就要等到明年了！"

如果是某个知名产区的特色农产品，相信粉丝都不会太陌生，他们自然知道产量少意味着什么。主播一定要取信于粉丝，让粉丝相信自

己不是打着减产的旗号来引诱他们购买,或者"挂羊头卖狗肉",销售的其实是其他产区的农产品。只要能够将产品数量不多、来之不易的信息传递给粉丝,并获得粉丝的信任,紧迫感自然而然就制造出来了。

 实战演练

范例1

在推介车厘子时,我们可以这样说:"相信大家都很喜欢车厘子。在国内,山东是最大的车厘子产地之一。山东的车厘子个头大、味道正,每年这个时候我都要买上一些饱饱口福。今年由于冰雹的关系,山东的车厘子遭遇严重减产,相信不少朋友之前已经在平台上预购了,我也一样。但是,前几天店家告诉我,由于冰雹,车厘子不能发货,只能给我退款,相信不少朋友也有同样的遭遇。今天,我这里还有一些来自山东的车厘子,数量真的不多,希望能让被退款的朋友得到一点补偿。"

范例2

在推介产量少的农产品时,我们可以这样说:"今天我们要介绍的这款产品可不一般,它是纯天然、无污染、真正原生态的产品。为什么之前很少有人听说过?那是因为它的产量实在太低了。如果你是本地人,或者老家在××地区周边,那么你肯定听说过。感谢互联网时代,现在运输和购买产品都变得更加容易了。否则,我们当中的大多数人,一辈子都无法接触到这款产品。"

 技巧点拨

技巧1：理由要适当

常见农产品产量突然变少，主播一定要给出适当的理由，否则无法说服粉丝。例如，每年在市场上流通的所谓武夷山大红袍的数量远远超过真正的武夷山大红袍数十年的产量，其实大家都很清楚，很多武夷山大红袍都不是正宗的。主播首先要保证自己的农产品是真材实料，用证据证明减产的事情是真的，粉丝才会相信。

技巧2：理由要讲清楚

对于小众产品，主播一定要讲清它被埋没的原因。都说好酒不怕巷子深，你的农产品没有人知道，很容易让人怀疑它是否真的好。只有把这个农产品被埋没的原因讲述清楚，才能取信于粉丝。获得粉丝的信任之后，才有可能通过强调产量少等手法营造紧迫感。

第二节 给粉丝意想不到的"便宜"

喜欢占便宜是人的天性，只不过有些便宜占起来需要付出一定的代价。而有些便宜就像香甜的"诱饵"，人们趋之若鹜。我们要善于用便宜这个卖点制作甜蜜的"诱饵"，让更多的粉丝愿意购买产品。

53　连续送出几个惊喜，让粉丝不得不买

人们在购物时很容易受到感性思维的影响。我们在学习写作文时都学过排比句，一连串的排比能够增强文章的感染力。同样的道理，要想让我们的农产品看起来性价比很高，我们可以把为粉丝准备的惊喜串起来，让他们觉得有非常大的便宜可占。

某农产品主播这样讲述他与商家交涉的过程："我今天给大家带来的这款产品，价格可以说是全网超低价，他们找我帮他们推广产品，说在我们直播间购买的朋友全都可以享受 9 折优惠。我当时就跟他们老板说了，给别的主播推广都是 9 折，咱们关系这么好，不得给我 8 折啊？他们老板看在我的面子上，还真的给了 8 折。我觉得优惠力度还是不够大，又告诉他咱们直播间的朋友非常捧场，是全平台最好的

粉丝，不得多给点赠品啊？这才在8折的基础上又加了赠品。朋友们，这就是今天咱们这款产品的价格，现在的价格是正常价的8折，还有赠品相送！"

案例中产品的折扣是多少呢？8折，这个折扣在直播中并不罕见。但是，相比于最开始的9折，已经显得比较优惠了，而且还有赠品，显得更加超值。

主播通过层层递进的话术，让粉丝感受到了价格下降的过程，也感受到了赠品的分量，还顺便赞美了直播间的粉丝，增加了粉丝对主播的好感，可谓一举多得。

在介绍价格时，我们可以这样说："今天，这款产品将以原价的9折销售……什么？大家嫌贵啊？那我再做个主，给大家打个8折……什么？8折还不够优惠？我咬咬牙，7折吧，这是底线了，再低我回去就没办法交代了。什么？还不够优惠？行，今天我豁出去，就当回馈咱们直播间的粉丝。前100名下单的，我自己掏腰包给大家送赠品！"

技巧点拨

技巧1：惊喜要有递进关系

制造惊喜时要形成递进关系，既要有气势，又不能太浮夸。主播可以幽默诙谐，也可以一本正经，但是千万不能像电视购物主播一样说"不要499，不要399，不要299，甚至不要199，只要99元，你就能把这款产品带回家"，这样说虽然很有气势，但过于浮夸的表演会让粉丝认为产品的价值本来就不高，主播不断给出更多优惠只是一个套路罢了。

技巧2：卖好关子很重要

一开始的时候，我们可以说："今天就是要促销，价格肯定会低一些。"然后，我们可以把最初的折扣抛出来，说："今天所有的产品都可以打9折。"这时粉丝肯定会得寸进尺，要求更大力度的折扣。我们可以趁势说："那好吧，我们可以打8折。"此时，若还有人不满意，我们可以说："好吧，既然都到了这个份上，我也不计较那么多了，除了打8折，还可以把零头抹掉。"有些粉丝可能会起哄："是把百位数以后的零头全抹掉吧？"这时，我们可以很无奈地说："我的意思是把个位数的零头抹掉，你们倒好，直接抹掉两位数！好吧，刚才我没说清楚，那就把百位数以后的零头全抹掉！但是说好了，就100件，多一件也不卖！"通过持续的互动，我们一步一步给出更多优惠和让利，粉丝的购买热情也会越来越高。这样卖关子才能获得更好的效果。

54 多买多优惠,多买多赠

阶梯式优惠、阶梯式赠品是直播间中比较常见的手法。购买更多的农产品,就能享受更低的折扣,获得更多的赠品(见图7-3),这就是人们常说的"多买多优惠,买得多、赠得多"。不过,做好阶梯式营销并不是一件容易的事情。做好了,不仅能让粉丝得到实惠,让直播间获得更高的销量,还能在某种程度上控制客单价。

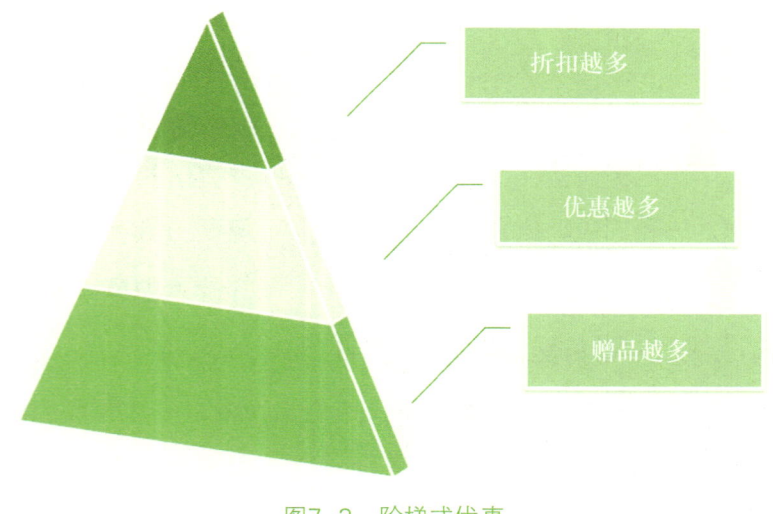

图7-3 阶梯式优惠

某主播在推介某款农产品时是这样宣传的:"我们这款产品现在满100减30,也就是说,只要花70元就能买到价值100元的产品。买

得越多，减得越多，买200元的商品只需要花140元，一下子就帮您节省了60元，是不是很实惠？"

稍微思考一下，就会发现这位主播犯的错误，"满100减30，满200减60"根本不是买得越多、减得越多。实际上，满减幅度并没有发生变化。

这种说法在直播中屡见不鲜，甚至许多线下商家也经常犯这种错误，嘴上说说"买得越多，优惠越多"，实际上并不是这样。

这里的关键问题并不是价格，而是营销策略。消费100元与消费200元享受的优惠力度是一样的，不少粉丝会更倾向于消费100元，特别是初次购物的粉丝。这样一来，直播间的总销售额就上不去了。

范例1

在介绍满减活动时，我们可以这样说："我们今天的活动是阶梯式的，买得越多，赠品就越多。购买1份，可以获得价值20元的赠品；购买2份，可以获得价值45元的赠品；购买3份，可以获得价值70元的赠品；购买4份，可以获得价值95元的赠品；购买5份，可以获得价值140元的赠品。"

范例2

在介绍优惠信息时，我们可以这样说："我们的活动是买得越多，优惠就越多。我们的产品质量上佳，保证你买回去以后不会觉得用不上。另外，这款产品包装精美、养生保健，可以当作礼品送给亲戚朋友。目前的优惠力度空前，大家不妨计算一下，其实你买5份，享受最高档的优惠，比你买一份多花不了多少钱，对不对？这么好的机会，赶紧下单吧！"

技巧1：在阶梯幅度上做文章

要想让粉丝多买，就要在阶梯幅度上做文章。当粉丝下定决心购买以后，说服他们购买第二份就会变得容易一些。加大第二个档次的优惠幅度能够增强他们购买第二份的欲望。第三档和第四档的优惠幅度可以稍微小一些，第五档的优惠幅度应该放到最大，这样一来，当粉丝想要买更多份的时候，就会略过第三档和第四档，直接选择第五档。

技巧2：消除粉丝的后顾之忧

谁都愿意享受更多的优惠，但购买的农产品太多，用不掉怎么办？腐坏了怎么办？这些问题都是阻碍粉丝批量下单的重要原因。我们要消除粉丝的后顾之忧，让粉丝放心地多买，享受更多的优惠。例如，我们可以向粉丝详细介绍售后服务政策，告诉他们腐坏率低于5%时怎么处理、高于10%时怎么处理，农产品品质和介绍的不一样怎么处理，等等。这样说，一方面可以打消粉丝的顾虑，另一方面也可以降低售后服务的难度。

第八章

直播留白
也是一种艺术

第一节　学会和粉丝隔着屏幕"一起做饭"

与粉丝走得越近，主播就越容易得到粉丝的支持。很多知名主播收入颇丰，但在直播过程中却很少表现出这一点，因为他们担心这会让粉丝与其产生距离感。

我们不知道粉丝所处的环境，也不知道每一位粉丝的生活条件，所以将自己完全代入粉丝的生活环境是不可能的。但是，我们可以创造一个简单的、人人都有机会接触的环境，让粉丝代入进来。我们做饭时所用的东西、所处的环境都能让粉丝感受到我们的生活离他们并不遥远，他们可以隔着屏幕和我们一起做饭。

55　留白有技巧，别让留白成空白

留白是一种艺术，但在直播中却相对少见。直播的优点就是互动性很强，缺少了互动，直播就变得与传统视频没有区别了。但是，留白对直播仍然是有用的，"此时无声胜有声"的效果仍然可以在直播过程中获得。但一定要注意，我们需要的是留白，而不是空白。

某农产品主播直播时会先带粉丝游览一下农产品的产地，在整个

过程中他都不怎么说话，粉丝可以听到大自然中的各种声音。潺潺的小溪，风吹过树林的沙沙声，清脆的鸟鸣、虫鸣，构成了一幅平日难得一见的优美画卷。虽然主播对产地的介绍少之又少，但粉丝却没有发出任何质疑和抱怨。

语言的运用是一门博大精深的艺术，但有些时候，语言又是苍白的。事实胜于雄辩，留白运用得当，不仅能增强说服力，还能极大地增强表现力。案例中优美的自然风光映入粉丝眼帘的时候，恐怕比任何语言都更有力量。在这个过程中，粉丝对农产品的产地究竟是个什么样的地方已经心里有数，与其用语言描述，不如让粉丝用自己的眼睛观察。

范例1

某农产品主播在介绍某款纯手工农产品是如何制作的时候，全程没有讲话，镜头全程都在拍摄一位老人是如何进行加工的。

范例2

某农产品主播边爬山，边与当地居民交流农产品是如何采摘的。由于山路比较陡峭，镜头摇晃得比较厉害，主播干脆不收录画面，全程只播放自己与当地居民交流的声音。

 技巧点拨

留白的运用技巧如图8-1所示。

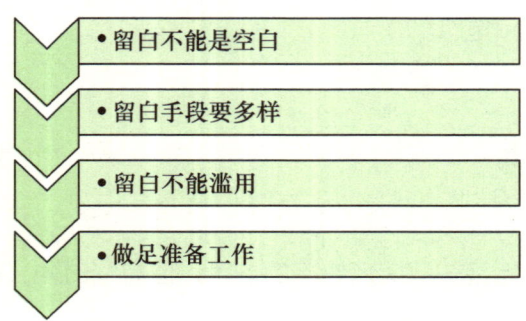

图8-1 留白的运用技巧

技巧1：留白不能是空白

每次留白都要有明确的目的，可以是让粉丝欣赏主播解说内容之外的东西，也可以是让整个画面更加优美。总之，留白的时候，一定要展示某些内容，绝不能因为留白而让粉丝觉得无聊，让粉丝觉得这段留白是空白。

技巧2：留白手段要多样

不说话，将画面留给粉丝，这只是留白的一种方式。声音可以留白，画面也可以留白。每一种留白手法都有相应的使用技巧，最重要的是留白不能变成空白，一定要把相应的信息传递给粉丝。

技巧3：留白不能滥用

留白的效果可能不错，但不能滥用留白。毕竟，直播不是纪录片，经常留白会让粉丝觉得无聊。主播不与粉丝互动，也就从根本上放弃了直播的优势。

技巧 4：做足准备工作

留白可以让粉丝用一种感官集中感受我们想要传递给他们的某种感觉或者某些信息。要想更好地实现这个目的，就必须提前做好准备。例如，在让粉丝欣赏美丽的风景时，可以播放舒缓的音乐；在拍摄产品制作流程时，可以使用合适的滤镜，选择最好的拍摄角度。如果没有做好这些准备，留白的效果就会大打折扣。

56　农产品推荐，现场感非常重要

相比于其他品类的直播，农产品直播的现场感更加重要。因为绝大部分农产品是食材，而不是食物。食材很难勾起人们的食欲，但食物可以。一块生肉摆在眼前，无论你说得多么天花乱坠，人们也不会因为看到它而流口水。如果把它做成红烧肉，那么不用多言，人们照样会产生消费的欲望。

因此，虽然我们农产品主播卖的是"生肉"，但是在展示环节一定要让粉丝看到"熟肉"的样子，这就是所谓的现场感。

某主播在直播过程中用农产品做了现场烹饪。在烹饪过程中，他没有做太多的讲解，而是将油锅的声音、充满烟雾的画面原原本本地传达给粉丝。烹饪结束后，他也没有矜持，一边大快朵颐，一边与粉丝闲聊。整个过程中，主播表现得十分自然，粉丝也如身临其境。

直播毕竟是只是直播，粉丝并不在现场。相比于真实环境带给粉丝的感觉，通过直播传递给粉丝的感觉实在是太少了。要想让粉丝感到自己也在现场，就必须对直播画面进行夸张处理。做菜的时候使用抽油烟机已经是一件非常普遍的事情，但如果没有油烟，现场感就会不足，也不会让粉丝产生香味扑面而来的感觉。

主播的个人风格不同，现场感的营造手法也不同。主播面向某类粉丝，就要营造这类粉丝喜欢的环境。如果我们面向的是喜欢都市情调的白领，整个画面就要显得干净、精致。

以水果为例，我们可以选择现场采摘，洗干净以后马上开始品尝，也可以将其处理得干干净净，整整齐齐地摆在盘子里，然后再品尝。不同的画面给人的感受是不同的，我们要根据粉丝群体和产品的不同进行灵活调整。

我们可以这样介绍本场直播的目的地："今天我们要到的地方，大家应该比较陌生，毕竟现在越来越多的人生活在城市里面，原汁原味的田园风光已经很难见到了。其实，田园离我们并不遥远。我们乘车出行的时候，经常能看到道路两旁的大小村庄，只不过很少有时间走进去好好地看一看。今天我们要去的地方可能就是你乘车路过无数次的地方。各位，如果有一天想要外出散心，但没有理想的去处，不妨找一处这样的地方看看，一定会带给你特别的惊喜。"

技巧：让粉丝"直接体验"

所谓"直接体验"，并不是邀请粉丝来到现场，而是通过一些方法，让他们不来现场也能获得直接的体验。第一个办法是在现场安排粉丝的"代表"。很多主播在做直播的时候都有搭档，这位搭档往往看起来非常业余。这个人就是粉丝的"代表"，他会完全站在粉丝的角度与主播互动，说粉丝想说的话，做他们想做的事情。通过这个人，粉丝可以获得更真实的体验。第二个办法是让粉丝"远程操控"。很多主播在直播的过程中会经常问粉丝："我该怎么办？""我要怎么做？"主播这样问就是为了让粉丝"操控"他，让粉丝获得更直接的体验。

57　厨艺是其次，关键是要突出原生态

在农产品直播中，现场烹饪比较常见。很多主播不太擅长烹饪，担心自己不能做出色香味俱全的菜肴。其实，这种担心是多余的，卖货直播不是厨艺直播，粉丝不能亲口品尝你做出来的东西是否美味。

粉丝在整个过程中获得的是视觉感受，因此展示烹饪过程才是最重要的。那么，粉丝更喜欢什么样的烹饪过程呢？既然是农产品，自然是越原生态越好。

不管是厨具、餐具，还是主料、配料，甚至是烹饪环境，都要符合农产品的定位，越原生态越好，越真实越好（见图8-2）。

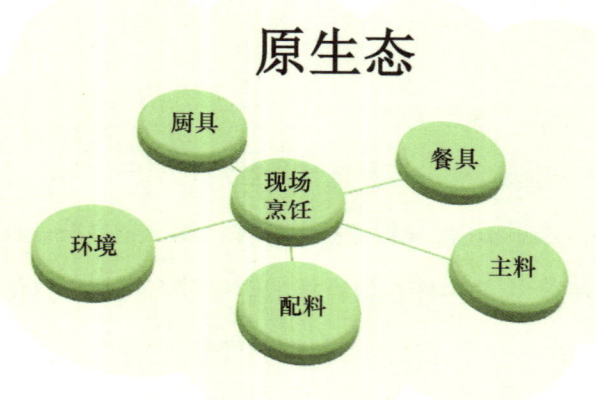

图8-2　原生态烹饪

某主播在使用农产品现场烹饪的时候全面地考虑了画面的美感和整洁程度。他使用的厨具是全新的，配料也是精心挑选的，颜色和形状非常统一。他的手法优雅而专业，就像在表演厨艺。但是，观看直播的粉丝却不买账，许多粉丝在主播摆出厨具后就离开了直播间。他们说，主播烹饪的时候"没那味儿"。

粉丝的评价非常微妙。"那味儿"到底是什么味儿?自然是那股原生态的味儿。随着生活水平的不断提高,人们对健康的需求不断增长。很多人认为,纯天然的农产品比人工栽培的更好。

事实果真如此吗?当然不是。我们今天所食用的各种农产品,不管是作物还是畜类,都是数十年乃至上百年人工培育的结果。

无论如何,大部分人总是对"纯天然"三个字有好感。为了保证直播效果和卖货效率,主播必须创造与"纯天然"和"原生态"相符的环境。太过精致、人工痕迹过于明显的东西显然不符合粉丝的期待,也就是他们所说的"没那味儿"。

某农产品主播烹饪时总是在户外,总是使用临时搭建的土灶,以及一眼就能看出已经被使用过无数次的一口大铁锅。如果配料的用量不大,他就尽量使用野生的。最终的成品也与"精致"二字无关,但分量足够大,让人感觉非常粗犷,非常原生态。

技巧1:厨艺并不重要,原生态才是更重要的

既然要营造原生态的感觉,我们就要尽量在农产品的原产地做直

播。乡村也好，野外也罢，在这些环境中烹饪，不管口味如何，从粉丝的角度来看都是大大加分的。选用的工具不能是崭新的，粗犷的、老旧的反而更有原生态的气息。总而言之，越与精致的人工制品拉开距离，就能给粉丝越多的原生态感觉。

技巧2：**厨具要有使用过的痕迹**

厨具一定要有大量的使用痕迹，这些痕迹能让粉丝获得他们期望的观感。但是，厨具要保持清洁，不能脏兮兮的。有些主播没有抓住原生态的精髓，原生态不等于不便利、不清洁。食材可以从野外采摘，但一定要处理干净。在烹饪之前手上沾满泥土可能会让粉丝觉得很有趣，但在烹饪的时候，主播的手一定要是干干净净的。

第二节　生动展示，让粉丝身临其境

人总是对自己没有体验过的东西特别向往，这是因为人拥有强烈的好奇心。我们要想吸引粉丝，就必须让粉丝对我们以及我们的生活产生兴趣，让粉丝获得身临其境般的体验就是一种很好的办法。

58　展示生活环境，激发粉丝回归田园的冲动

户外直播能让粉丝看到一些他们想要了解但平时接触不到的东西，这正是户外直播受欢迎的主要原因。卖货直播与户外直播当然是不同的，但我们仍然可以为粉丝展示农产品产地的生活环境和自然环境，通过当地的人展示粉丝想要看到的"真实"。

案例回放

某农产品主播经常在户外做直播。烹饪的地点就在一条小河边上，从洗锅、洗菜到烹饪，使用的都是河水。在搬运食材、燃料的过程中，镜头带领粉丝饱览了当地秀丽的自然风光。此外，农户家里养的土狗、鸡鸭也会出镜。环境说不上优雅清净，却别有一番趣味。路上的行人、周围的邻居都认识主播，见面时也会和他寒暄几句。

 解 析

什么是生活环境？是指你居住的地区，还是说你的房子、院子？这些都是，但不是全部。生活环境就是你生活的地方、你每天经过的地方、你经常看见的地方，还包括你认识的人、住在附近的居民。

不管在什么环境中，重要的都是人。比起客观环境，你与什么样的人相处、不同地区的人有什么样的精神面貌才是粉丝更加喜闻乐见的。自然风景虽然美丽，但始终是无言的。在直播过程中，如果能让其他可以与主播互动的人参与进来，粉丝就能感受到别样的乐趣。

 实战演练

在介绍农产品之前，主播可以和农产品产地的居民、生产者聊聊与这种农产品相关的话题。

范例1

我们可以和附近的村民说："又要下地去了吗？今年××的长势好不好？什么时候能下市？"这样说不仅展示了乡土生活，也在不经意间做了一个产品预告。

> **范例2**
>
> 我们可以走进乡亲们家里,和他们互动:"二哥,今天你们家吃什么饭?噢,大烩菜啊!二哥,你给大伙展示一下真正的农家大烩菜是什么样子的……"

技巧1:让粉丝自己去感受

环境包含着丰富的信息,与其口干舌燥地为粉丝介绍,不如让粉丝自己去感受。主播要事先思考应该让粉丝看到哪些东西,以获得预期的效果。让生产者出场是一个好办法,粉丝会觉得更加真实,更能体会主播想要为他们展示的环境究竟是什么样的。

技巧2:传达正面的信息

展示生活环境时,既要展现田园风光的美丽,又不能将最真实的一面过多地展示给粉丝。例如,风吹麦浪是一幅相当优美的景象,但是大风吹来黄土遍地的画面就不太适合展示给粉丝。多向粉丝传达正面的信息,才能让粉丝产生对田园生活的向往。

59 展示采摘过程,制造视觉冲击

亲手摘下树上结的果实,这是城市中的很多人不曾经历的。硕果累累的大树肯定比一盘果实更好看,更有视觉冲击力,不是吗?从采摘到烹饪，将整个过程展示给粉丝，粉丝就能获得更加强烈的真实感。

充分展示采摘过程的趣味，从而让粉丝产生更强的购买欲望，也是农产品主播需要掌握的重要技巧之一。

某农产品主播在为粉丝展示烹饪过程时所使用的各种材料都是亲自采摘的。在后院割一把绿油油的小葱，从房梁上摘下一串放置许久的腊肉，再从地里挖出几个刚刚成熟的土豆……不一会儿，一道原生态、带着粗犷美感的菜肴就出锅了。在整个过程中，主播没有说太多的话，但是粉丝却获得了强烈的视觉冲击。

有时候，虽然是在户外直播，但没有亲自采摘的条件。不过，这不代表我们不能通过采摘其他东西给粉丝带来视觉冲击。

一位知名的外国主播是这样做的：他使用自制的奶酪、自家养的鸡下的鸡蛋、自家种的蔬菜做菜，并让粉丝看到各种蔬菜和香料的采摘过程。在众多食材被打上"自家"这个标签之后，粉丝会默认其他食材也是原生态的。即便主播并没有展示某些食材的采摘过程，粉丝也会下意识地认为这些食材就是主播亲自采摘的，甚至会在脑海中自行想象采摘的过程。

实战演练

> 在一场推介水果的直播中,某主播展示了现场采摘的过程。这位主播说:"今天我为大家介绍一种水果,别的我不敢夸口,唯独新鲜这一点,我敢说恐怕没有哪家的水果比我今天介绍给大家的更新鲜。为什么呢?各位请看,这些水果还在树上,还没有摘下来呢。"说着,他把镜头转向了树上的水果。
>
> 水果事先喷了一点水,看起来晶莹剔透。阳光穿过树叶,照在水果上,反射出宝石般的光芒。接着,主播从树上摘下一颗果子,用清水冲洗过后,就美滋滋地吃了起来。

技巧点拨

技巧1:画面要有冲击力

视觉冲击不是单一画面就能形成的,想要让画面具有足够的冲击力,就必须拍摄一连串美丽的画面。在远处拍摄整棵植株,在近处拍摄果实,然后拍摄采摘和食用的过程,整个画面才能产生强烈的视觉冲击。

技巧2:对画面进行适当处理

适当的画面处理非常必要,最自然的未必就是最有美感的。清晨被露水打湿的果实肯定比下午的果实好看,但受直播时间的限制，我们未必有机会将果实最美的一面展示给粉丝。为了突出视觉效果，我们可以事先给水果喷上一点水。当然，不同的农产品有不同的处理方式。总之，我们要将最美的画面呈现给粉丝，让画面替我们"说话"。